新下层

日本的社会阶层与贫困遗传

〔日〕桥本健二 著

毕梦静 译

中国科学技术出版社
·北京·

Original Japanese title: UNDERCLASS
Copyright © Kenji Hashimoto 2018
Original Japanese edition published by CHIKUMASHOBO Ltd.
Simplified Chinese translation rights arranged with Chikumashobo Ltd.
through The English Agency (Japan) Ltd. and Shanghai To-Asia Culture Co., Ltd.
Simplified Chinese translation copyright © 2023 by China Science and Technology Press Co., Ltd.
All rights reserved.
北京市版权局著作权合同登记　图字：01-2023-4688

图书在版编目（CIP）数据

新下层：日本的社会阶层与贫困遗传 /（日）桥本健二著；毕梦静译 . — 北京：中国科学技术出版社，2024.1
书名原文：Underclass
ISBN 978-7-5236-0366-6

Ⅰ.①新… Ⅱ.①桥… ②毕… Ⅲ.①贫困问题—研究—日本 Ⅳ.① F131.36

中国国家版本馆 CIP 数据核字（2023）第 220203 号

策划编辑	陆存月　孙　璐	责任编辑	孙倩倩
封面设计	仙境设计	版式设计	蚂蚁设计
责任校对	焦　宁	责任印制	李晓霖

出　　版	中国科学技术出版社
发　　行	中国科学技术出版社有限公司发行部
地　　址	北京市海淀区中关村南大街 16 号
邮　　编	100081
发行电话	010-62173865
传　　真	010-62173081
网　　址	http://www.cspbooks.com.cn

开　　本	787mm×1092mm　1/32
字　　数	128 千字
印　　张	8.5
版　　次	2024 年 1 月第 1 版
印　　次	2024 年 1 月第 1 次印刷
印　　刷	北京盛通印刷股份有限公司
书　　号	ISBN 978-7-5236-0366-6/F・1182
定　　价	59.00 元

（凡购买本社图书，如有缺页、倒页、脱页者，本社发行部负责调换）

序言

下层阶级的出现

1965年，中学毕业的永山则夫去了东京工作。之后，他又接连换了许多工作。1968年秋天，永山则夫由于杀人案被捕入狱，并于1997年被执行死刑。在监狱服刑期间，他读了大量的文学书和哲学书，并发表了诸多作品。

在永山则夫的一篇文章中，他认为日本现代社会有三个阶级，分别是"大资产阶级""小资产阶级及贵族无产阶级"和"流氓无产阶级"。所谓"流氓无产阶级"是指没有固定职业的劳动人员和流浪者等。在永山则夫看来，有固定工作的无产阶级正在逐渐与大资产阶级勾结，并在成为贵族无产阶级之后，与流氓无产阶级相敌对。这样一来，他们可以免于从事危险的劳动，并过上富裕的生活。永山则夫认为，现在的革命阶级只有流氓无产阶级，他们可能会形成通过个人暴力手段与资产阶级进行对抗的恐怖主义集团（收录于永山则夫《忘记人民的金丝雀们》一书）。

有固定工作的无产阶级自以为是革命的流氓无产阶级，以正当的、荒诞无稽的、突然的立场转变收尾，这并非不现实的事情。这既可以说是他们对现状进行正确分析后做出的选择，也可以说是可怕的预言。因为在我看来，当今的日本社会在某种意义上正在不断地向这个方向靠近。在差距不断扩大的现状之中，"大资产阶级"确实拥有着越来越多的财富。此外，在被雇用者的内部，也产生了巨大的差距。在它的顶端，是在跨国企业就职的高薪资精英；而在它的底端，低薪资、无固定工作的非正式员工这一庞大的群体正在形成，这一群体在被雇用者中所占的比例也在不断增加。此外，这一结构正在成为引发社会不安的巨大因素。

在这里，我将这些非正式员工中为补贴家用而出来兼职的主妇、非执行董事、管理人员、拥有资质和技能的技术人员之外的人称为"下层阶级"。这一阶级约有930万人，约占就业人口的15%，并且正在急速扩大（这930万人中也包括老年人，但下述的数字是除去有可能领取养老金的60岁及以上老年人之后统计得出的结果）[1]。

他们的平均年收入只有186万日元，贫困率高达38.7%。特别是在女性之中，贫困率约50%。在他们所从事的工作中，熟练工种①、销售岗位、服务岗位较多。具体来说，有销售员、厨师、服务员、清洁工、收银员、仓库管理员、搬运工、护理人员、保姆、派遣去其他公司工作的办事员等。他们只是在平均工作时间上会比全职员工少一两成，但其实他们之中的许多人都像全职员工一样工作。

由于贫困，他们很难结婚并拥有自己的家庭。在男性中，有66.4%的人未婚，只有25.7%的人拥有配偶。在女性中，未婚的比例也超过了半数。此外，有43.9%的女性经历了离婚或丧偶，这也成了她们贫困的导火索。在这之中，对于生活感到满足的人只有18.6%，是其他群体的一半左右。

---

① 在本书中所提到的从事熟练工种的人是指按照（工厂等的）指导手册工作的人。他们不会主动地去做额外的工作，只是被动地接受上级的指示或按照指导手册中的内容来开展工作。——译者注

在这之中，有许多人都曾经历过黑暗的孩童时代。超过三成的人在学校遭受过欺凌，一成的人有过不去上学的经历。此外，还有许多人有过退学的经历，约有三分之一的人经历过毕业后、入职前的这段"空窗期"。

他们的健康状况也存在着问题。每四个人中就有一个人认为自己的健康状况不佳。在他们之中，曾经得过心理疾病的人的比例约是其他群体的两倍多。此外，有很多人倾诉"曾有过绝望的心情""意志消沉，无论做什么都没办法使自己心情愉悦""觉得自己是一无是处的人"。

此外，能给予他们支持的人也很少。与其他群体相比，与他们保持亲密关系的人很少。他们自身也很少参加社区活动、兴趣小组或同学会等。对于将来的生活，有超过半数的人感到不安。

新下层阶级的诞生

所谓资本主义社会的下层阶级，以前无疑是无产阶级，也就是劳动者阶级。如果将其与个体经营者等旧中产阶级加以区分,那么构成资本主义社会的主要阶级是经营者等资本家阶级、技术人员和管理人员等新中产阶级,以及劳动者阶级。在日本,劳动者阶级通常被看作处于最下层的阶级。

但是,虽然经济低迷导致日本全体国民的工资水平下降,但劳动者阶级中的正式员工的工资却有所提升,甚至可以说正在向新中产阶级靠拢。这使劳动者阶级的内部产生了巨大的裂缝。非正式员工被抛下,逐渐向底层下沉。这就是新下层阶级的诞生。

"下层阶级"一词并不是我创造的新词。与之相关的具体内容会在第二章中进行阐述。在阶级研究和贫困研究中,这是从很久以前就开始使用的词。它的用法会因时代或使用者的不同而有所差别,但共通的一点是,"下层阶级"指的是长久以来难以脱离贫困状态的阶级。

在美国和英国的大都市中聚集了大量的失业者、非正式员工以及少数族裔的贫困者。日本则与之不同,直到最近,日本都不认为这样的群体正在大规模地存在着。但是,在差距不断扩大的情况下,日本也诞生了与正式员工有明显区别的下层阶级，他们约占就业人口的 15%，并成了阶级构成的重要部分。我所说的"新阶级社会"就是指这种新社会的理想状态。

第一代自由职业者已经迈入 50 岁的门槛

在 20 世纪 80 年代末的泡沫经济时期，下层阶级的人数开始增加。在泡沫经济的背景下，虽然企业所需要的员工数量增多，但为了削减成本，企业调整了正式员工和非正式员工的雇用比例。因此，一直以来的学生兼职、主妇兼职、退休后返聘等这些限定于人生某一时期的非正式雇用，扩展到了刚刚毕业的青年①之中。这就是在这一时期被称为"自由职业者"的青年。泡沫经济的崩溃加速了这一趋势，在这之后，因不良债权问题而导致的长期经济低迷使这一趋势持续存在着。

---

① 本书中的青年，均指 20 岁及以上的青年。——编者注

序言

正如许多调查所阐明的那样，摆脱自由职业者的身份并不容易。日本企业几乎不会雇用中途离职的人。而且，一旦当过自由职业者，就会更难被雇用。特别是到了30岁以后，这些人几乎不可能脱离自由职业者的身份。因此，自由职业者就这样慢慢变老，成了中老年人。

大约30年过去了，曾经是自由职业者先驱的青年，如今已经50岁左右了。在他们之中，有许多人从未被正式雇用过，或者只是经历了一段时间的正式雇用。他们就这样走到了今天。这群人在这30年间，不断地被社会排挤。除此之外，还有在经历了离婚或丧偶后，由主妇变为单身女性的非正式员工。庞大的下层阶级就这样形成了，而使下层阶级得以形成的社会结构已经深深地扎根于日本社会之中。

如果放任这种现状不管，毫无疑问，日本社会将迎来巨大的危机。该如何避免这种情况的发生？这是生活在现代日本中的我们面临的最大课题。

在本书中，我想运用数据来揭示新阶级社会的结构和动态，特别是下层阶级的窘境。我想指出容纳着庞大下层阶级的日本社会如今无疑正面临着极其危险的境况。此外，如果有（解决的）希望，那么希望在哪里？在本书的最后部分，我会尽可能地着墨于此。虽然本书所谈论的话题十分沉重，但如果大家能读到最后，我将感到无比荣幸。

此外，由于本书关注的重点是下层阶级，所以对于其他阶级中存在的差距和差异等，不做过多解释。但是，这并不意味着可以无视这4个阶级中存在的差距。如果大家想了解包括这4个阶级在内的日本各阶级差距的整体情况，可以阅读我之前出版的《新型日本阶级社会》一书，对此，我将感到无比荣幸。[2]

注：

1. 本书虽然使用了许多数据，但其中最重要的数据是从日本2015年实施的SSM调查和2016年实施的首都圈调查中得来的数据。SSM调查的正式名称是"社会分层和社会流动全国调查"，由专门研究阶级和阶层的社会学者的研究团队来实施调查，从1995年开始每10年进行一次。为了弄清阶级、阶层间流动的实际情况，SSM调查除了会详细地询问受访者原生家庭的情况外，还会对受访者迄今为止从事过的所有职业进行询问，这是 SSM 调查的特点。2015 年的调查是通过科学研究费特别推进研究事业（课题号 25000001）进行的，调查对象是全国范围内 20—79 岁的人，问卷的有效回收数是 7817 份，数据的使用得到了 2015 年 SSM 调查数据管理委员会的许可。2016 年首都圈调查是由以我为中心的研究团队实施的调查，调查对象是居住在距离东京市中心 50 千米范围内的首都圈中的 20—69 岁的人，问卷的有效回收数是 2351 份。这一调查为了弄清差距和贫困给人们带来的影响，设置了许多与家庭收支情况、健康状况、抑郁、不安、压力等相关的问题。这是这一调查的特点。在进行调查时，我们收到了科学研究费补助金（基础研究 A，课题号 15H01970）。此外，2015 年的 SSM 调查是从居民基本账簿中随机抽选样本，但是，非日本国籍的人不作为此次调查的对象。另外，2016 年的首都圈调查是从选举人名簿中抽选样本，所以调查对象全部是拥有日本国籍的人。

2. 本书为了重点关注 60 岁以下的下层阶级和 60 岁及以上的下层阶级之间的差别，扩大了统计对象的年龄段。此外，为避免产生误解，舍去了一部分极端的数值。本书的研究使用了一些不同于我之前著作中的统计方法。因此，即使是同样的统计内容和对象，也会有与我之前著作不同的部分。特别是在第四章的统计调查中，我舍去了60岁及以上年龄段群体的数据，所以，调查结果会与之前著作中的内容有很大差别。关于这一点，我在这里提前说明。

目录

第一章

新阶级社会的诞生 / 001

1. "贫困"的边界 / 002

2. 居住地与贫富差距 / 007

3. 所属与差距 / 010

4. 正规与非正规之间的壁垒 / 017

5. 在下层阶级出现之前 / 022

第二章

何谓下层阶级 / 039

1. 下层阶级的冲击 / 040

2. "不值得救济"的贫困阶层 / 044

3. 富足的多数派形象　　　　　　　　　　/ 049

4. 劳动者内部的分界线　　　　　　　　　/ 054

第三章

现代日本的下层阶级　　　　　　　　　　　/ 061

1. 数据方面的特征　　　　　　　　　　　/ 062

2. 因性别和年龄而产生的差异　　　　　　/ 066

3. 下层阶级的四种类型　　　　　　　　　/ 075

第四章

绝望国家中绝望的人——青年和中年下层阶级男性的现实　/ 091

1. 幸福的青年在哪里　　　　　　　　　　/ 092

2. 因不幸福和绝望而产生抑郁倾向　　　　/ 101

3. 无法享受企业的恩惠　　　　　　　　　/ 108

4. 艰辛的成长经历和对学校教育的排斥　　/ 112

5. 孤独与健康焦虑　　　　　　　　　　　/ 119

6. 下层阶级渺茫的希望　　　　　　　　　　　/ 128

第五章

下层阶级的女性——她们的轨迹与现实　　　/ 133

1. 即使同住，生活也很辛苦　　　　　　　　/ 134

2. 未婚与离婚和丧偶的分界　　　　　　　　/ 143

3. 与男性不同的成长经历　　　　　　　　　/ 149

4. 社会资本这一希望　　　　　　　　　　　/ 153

5. 日常生活中的小确幸　　　　　　　　　　/ 159

6. 女性群体如何看待差距　　　　　　　　　/ 163

第六章

"下游老人"不断增多　　　　　　　　　　/ 167

1. 工作经历与退休后的生活　　　　　　　　/ 168

2. 中年下层阶级未来的模样　　　　　　　　/ 177

3. 高龄下层阶级女性　　　　　　　　　　　/ 182

第七章

下层阶级的邻居——"失业者与无业者" /195

1. 被低估的失业现状 /196
2. 成长经历、职业经历与现状 /199
3. 失业者与无业者的真实模样 /207
4. 与下层阶级的政治同质性 /219

第八章

下层阶级与日本的未来 /225

1. 无从宣泄的不满 /228
2. 消除差距是唯一的政治主张 /241
3. 为了使政治主张成为执政基础 /246

结语 /253

第一章

新阶级社会的诞生

1. "贫困"的边界

所谓贫困率,顾名思义,是指在某一社会中,处于贫困状态的人数占社会总体人数的比例。厚生劳动省的数据显示,1985年,日本的贫困率是12.0%;2015年,日本的贫困率是15.6%(《平成二十八年 国民生活基础调查概况》)。在这30年间,日本的贫困率上升了3.6%。在2012年的调查中,日本的贫困率是16.1%。由此可得知,虽然这几年日本的贫困率有所下降,但仍处于较高水平。

与经济合作与发展组织(OECD)成员国的平均水平(10.4%)相比,日本的贫困率要高出许多,排在墨西哥、美国、土耳其、爱尔兰之后,处于第五位。在主要的发达国家中,日本则仅次于美国,排在第二位。

日本的人口约有12650万人。因此,15.6%的贫困阶层人口数量约为1970万人。这是一个非常大的数值。但是,许多人并没有意识到这个事实。

第一章 新阶级社会的诞生

这是因为陷入贫困的风险会因学历、年龄、性别、职业、企业规模、居住地等产生很大差别。无论是在工作中还是在平时的人际交往中，我们通常只和同等学力、相似职业或住在附近的人交往。由于大学毕业后在大企业工作的白领或居住在大城市郊外独栋住宅里的人，都属于贫困率较低的群体，所以，他们无法切身地感受到贫困阶层人数的增加，这也并非不可思议的事情。

图1-1、图1-2是将贫困率按照性别、学历、年龄制成的。[1]首先，看图1-1，可以发现20—29岁的男性，无论是否是大学毕业生，他们的贫困率都很高。虽然大学毕业生和非大学毕业生之间的贫困率差距较小，但大学毕业生的贫困率高于非大学毕业生，这一点还是很让人意外的。然而，这是因为在20—29岁的大学毕业生中，有一部分是独自生活的学生和自由职业者。[2]但是，到了30岁之后，大学毕业生的贫困率就下降到了3%左右，甚至可以说是已经与贫困无缘。到了60岁以后，虽然大学毕业生的贫困率又有所上升，但也低于10%。与此相对，虽然非大学毕业生在30—59岁贫困率较低，但在60—69岁的贫困率却急

剧上升到了25%,并且在70—79岁达到了28.6%。这也许是因为大学毕业生和非大学毕业生所领取的退职金数额相差甚远。大学毕业的高龄男性和非大学毕业的高龄男性仿佛在经历着完全不同的老年生活。

在女性之中,学历导致的贫富差距也十分显著。女性大学毕业生的贫困率在30—59岁和男性一样低。在60岁以后,由于离婚或丧偶的女性增多,所以女性大学毕业生的贫困率也因此有所上升。但即便如此,也没有超过15%。与此相对,非大学毕业生的女性的贫困率在20—29岁这一年龄段中接近30%,在30—59岁为15%左右。但到了60岁之后则开始急剧上升,70岁之后更是达到了31.4%。

综上所述,贫困率会因学历和年龄的差异而相差甚远。人们可以根据图1-1、图1-2显示的结果,在一定程度上预测自己将来的生活。因此,如果是非大学毕业且现在还在工作的人,应该可以根据我在上文中的描述以及图1-1、图1-2显示的结果,在一定程度上想象出非大学毕业生的老年生活。但是,对大学毕业生来说,恐怕很难想象出非大学毕业生贫困的老年生活吧。而且,贫困率也会因性别

第一章 新阶级社会的诞生

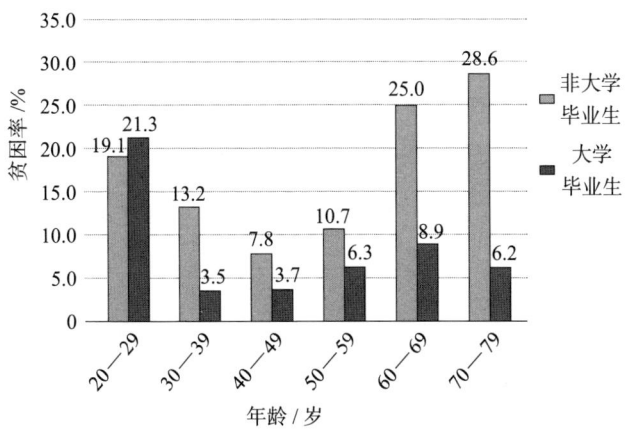

图 1-1 从学历、年龄来看男性贫困率

资料来源：作者依据 2015 年 SSM 调查数据计算得出。

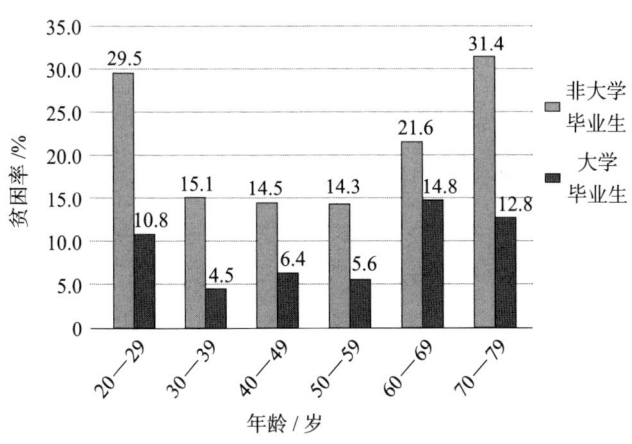

图 1-2 从学历、年龄来看女性贫困率

资料来源：作者依据 2015 年 SSM 调查数据计算得出。

不同而产生很大差别。如果是夫妇同居的家庭，那么共同承担家用的丈夫和妻子的贫困率是相同的。但实际上，社会上还有独居者及单亲家庭。单亲家庭中的家长大多是女性。而且，对男性和女性而言，无论是工资还是退职金，金额都不尽相同，所以男性和女性的贫困率也会有所不同。

社会学家吉川彻将目光聚焦于60岁以下还在工作的群体：①是大学毕业生还是非大学毕业生；②出生于1975年之前还是之后；③男性还是女性。根据2×2×2=8，他将人们分为8个群体，分析各群体之间的贫富差距。结果显示，在这8个群体中，大学毕业的青年男性贫困率最低，非大学毕业的青年男性贫困率最高，这是一个十分明显的序列结构。由此，吉川彻指出，日本社会是被"想要改变学历、年龄、性别却无法改变"的这一属性切割而成的"割裂的社会"（《日本的割裂》）。对于本书的研究对象——下层阶级而言，由年龄和性别导致的贫富差距是值得关注的重点，所以我想在之后的内容中再详细阐述。

2. 居住地与贫富差距

不同居住地的贫富差距也十分显著。以东京 23 区为例，位于市中心的中央区、千代田区、港区、涉谷区等有许多高收入者；在市中心以西的目黑区、世田谷区、杉并区等，中高收入者较多。与之相对，在市中心以东的足立区、葛饰区、荒川区、江户川区等，低收入者很多。从每位纳税人的收入来看，收入最高的是港区，居民平均年收入为 647.7 万日元；紧接着是千代田区，居民平均年收入为 550.3 万日元。与之相对，收入最低的是足立区，居民平均年收入为 161.5 万日元；葛饰区次之，居民平均年收入 168.7 万日元。由此可见，港区居民平均年收入是足立区的 4 倍多（根据总务省 2016 年发布的《市町村税收情况》计算得出）。在东京 23 区内部也存在着收入差距。在收入最高的港区，年收入低于 100 万日元的家庭有 2.1%，年收入在 100 万—200 万日元的家庭有 5.9%（2013 年《住宅·土地统计调查》）。

贫困阶层正在全面扩张

让我们以更大的区域为样本进行统计。表 1-1 显示的是，在人口超过 4000 人的区域内，年收入低于 200 万日元的家庭所占比例（推算值）格外高的区域。除顶尖大学的学生宿舍和表 1-1 中的简易旅馆聚集地这些较为特殊的情况外，其他大多是公营住宅或 UR 住宅①的选址地，或者是狭窄的木造住宅集中的区域。在我看来，贫困阶层集中居住在这种狭窄的区域内，是导致居住在其他区域内的人们难以意识到贫困阶层存在的原因之一。

表 1-1 人口 4000 人以上、年收入低于 200 万日元的家庭占比推算值超过 30% 的区域

所在市町村及主要设施	年收入低于 200 万日元的家庭占比推算值 / %	平均家庭年收入推算值 / 万日元
茨城县筑波市（大学学生宿舍）	34.8	318.9

---

① UR 住宅是指由 UR 都市机构（独立行政法人都市再生机构）所管理和提供的租赁住宅。与其他类型的住宅相比，UR 住宅具有费用低、租赁手续简单等特点。——译者注

第一章 新阶级社会的诞生

续表

所在市町村及主要设施	年收入低于200万日元的家庭占比推算值/%	平均家庭年收入推算值/万日元
神奈川县横滨市（简易旅馆）	33.9	418.0
东京都八王子市（都营住宅）	33.9	330.8
东京都昭岛市（公营住宅）	33.3	312.1
东京都足立区（都营住宅）	32.7	346.9
神奈川县横须贺市（公营住宅）	32.4	343.8
东京都武藏村山市（都营住宅）	32.4	338.7
神奈川县秦野市（UR住宅）	31.9	300.6
东京都新宿区（歌舞伎町）	31.6	457.3
东京都足立区（都营住宅）	31.4	362.7
神奈川县大和市（公营住宅）	30.5	328.1

续表

所在市町村及主要设施	年收入低于200万日元的家庭占比推算值/%	平均家庭年收入推算值/万日元
千叶县我孙子市（UR住宅）	30.3	324.9
神奈川县横滨市（狭小住宅聚集地）	30.2	414.0
神奈川县横滨市（公营住宅）	30.0	351.2

注：该表中的数据是在1千米网格单位内推算得出的结果，并不能代表其所在市町村的整体年收入。

资料来源：作者依据2013年《住宅·土地统计调查》和2010年人口普查结果进行推算后得出。

3. 所属与差距

事实上，在当今社会中，阶级是与贫困关联度更高的因素。关于这一点，本书的序言中已简单地提及过。本节将对构成现代社会的阶级进行详细的阐述。

所谓阶级，是指根据经济地位的差别区分出的人类集

第一章　新阶级社会的诞生

群。在这里，经济地位由人们所拥有的经济资产的种类和数量决定。此外，在现代的阶级理论中，经济资产有生产资料、在组织中所占的地位、技能及资格三种。[3]

最为重要的经济资产是生产资料。所谓生产资料，是指进行生产活动所必需的工具、机器、建筑物、原料等。在前近代社会中，农民以及工商业的个体经营者占人口的绝大多数。但是，资本主义社会与之不同，其特征是生产资料的绝大部分都集中地掌握在一部分人手中。这些生产资料的所有者被称为资本家，由资本家所构成的阶级被称为资本家阶级。与此相对，其他大部分人并不拥有生产资料。因此，这些人向资本家阶级提供自己的劳动力。作为回报，他们可以得到工资，并以此来谋生。总而言之，在资本主义社会中，劳动力成了一种可以用金钱进行买卖的商品。像这样通过出卖自己的劳动力谋生的人被称为劳动者，由劳动者组成的阶级被称为劳动者阶级。

但随着资本主义不断发展，生产活动的规模也不断扩大，劳动者的管理、监督，以及生产工序的设计、管理等工作，仅仅依靠资本家阶级自身很难完成。因此，这些工作被资本家阶级委托给了一部分劳动者。这些劳动者在企业中拥有一定的地位或特殊的技能,所以,他们开始承担这份工作。也就是说,一方面,他们拥有出卖劳动力谋生的劳动者身份;另一方面,从工作的内容来看,他们扮演着与资本家相近的角色。因此,这些人被称为中产阶级,并且作为随资本主义发展而新诞生的阶级,他们也被称为新中产阶级。

虽然资本主义不断发展,但从前近代社会起就一直存在的农民阶层与个体经营者并没有因此消失。这些人拥有少量的生产资料,他们通过自己或与家人一起进行生产活动。因此,从作为生产资料的所有者这一点来看,他们与资本家是共通的。但是,从使用生产手段,自己进行生产活动这一点来看,他们又与劳动者是共通的。因此,这些人也是中产阶级。由于他们是从前近代就一直存在的古老阶级,所以,可以称他们为旧中产阶级。

以上四种阶级的相互关系如图 1-3 所示。左侧是资本主义世界中的三种阶级:资本家阶级、新中产阶级、劳动者阶级。与之相对,右侧是个体经营领域中的一种阶级:旧

第一章 新阶级社会的诞生

中产阶级。在这四种阶级之中,存在着非常严格的差距结构。不,倒不如说,现代社会的差距结构就是以这四种阶级为基础形成的,如表1-2所示。[4]

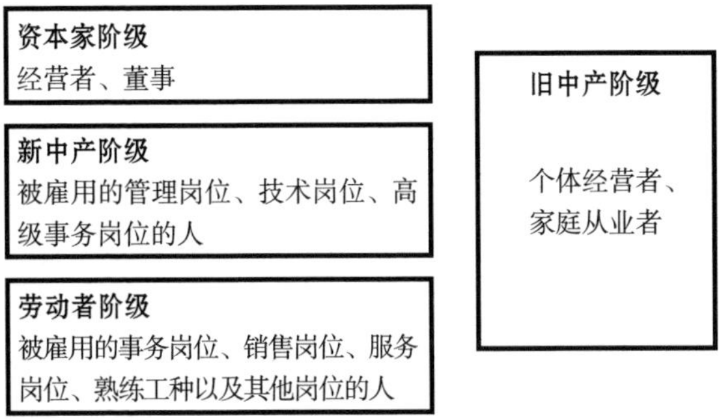

资本家阶级
经营者、董事

新中产阶级
被雇用的管理岗位、技术岗位、高级事务岗位的人

劳动者阶级
被雇用的事务岗位、销售岗位、服务岗位、熟练工种以及其他岗位的人

旧中产阶级

个体经营者、家庭从业者

图 1-3 现代社会的阶级结构

表 1-2 各阶级的规模和阶级间的经济差距

调查项目	资本家阶级	新中产阶级	劳动者阶级	旧中产阶级
人数 / 万人	254.4	1285.5	3905.9	806.0
构成比 / %	4.1	20.6	62.5	12.9
平均年龄 / 岁	54.5	44.5	46.8	59.1
女性比例 / %	35.2	36.8	57.1	39.4
个人年收入 / 万日元	604	499	263	303

续表

调查项目	资本家阶级	新中产阶级	劳动者阶级	旧中产阶级
家庭年收入／万日元	1060	798	564	587
资产总额／万日元	4863	2353	1582	2917
贫困率／%	4.2	2.6	12.2	17.2
"中上"意识／%	56.2	42.8	24.5	31.0
"下层"意识／%	10.1	10.5	25.2	22.9

注："中上"意识包括"上"和"中上";"下层"意识包括"下层上游"和"下层下游"。

资料来源：人数与构成比依据就业结构基本调查（2012年）计算得出。所有年龄段均不包含还在上学的人。构成比的参数中不包含职位和工作种类不明的人。其他数据依据2015年SSM调查数据计算得出。20—79岁。

迄今为止的差距结构

资本家阶级共有254.4万人，占就业人口的4.1%，平均年龄为54.5岁。出人意料的是，资本家阶级中女性所占比例很高，为35.2%。这是因为她们之中有许多人在自己丈夫经营的小规模企业中担任董事。资本家阶级的个人年收入为

604万日元,是4个阶级中年收入最高的。但是,从性别的角度来看,男性与女性的个人年收入差距很大。这是因为小规模企业经营者的妻子虽然在表面上是企业的董事,但实际上大多数妻子并没有领取足够的报酬。因此,资本家阶级的富裕情况从家庭年收入(平均为1060万日元)来看会更为明显。资本家阶级的总资产为4863万日元,与其他阶级拉开了很大差距,贫困率很低,只有4.2%。此外,在资本家阶级中,有56.2%的人认为自己在社会中处于"中上"的位置,仅有10.1%的人认为自己在社会中处于"下层"。

新中产阶级共有1285.5万人,构成比为20.6%,平均年龄为44.5岁,女性所占比例为36.8%。个人年收入为499万日元,家庭年收入为798万日元。虽然新中产阶级的年收入远不如资本家阶级,但也能称得上生活富裕。新中产阶级的贫困率只有2.6%,几乎与贫困无缘。但是,他们的总资产并不多,只有2353万日元,这一数额不及资本家阶级的一半,甚至还落后于旧中产阶级。在新中产阶级中,有42.8%的人认为自己在社会中处于"中上层",拥有"下层"意识的人只占10.5%。

劳动者阶级共有3905.9万人，占社会就业人口的62.5%，是规模最大的阶级。他们的平均年龄为46.8岁，女性所占比例为57.1%，高于男性。劳动者阶级的个人年收入较少，只有263万日元，是新中产阶级的一半左右。但是，他们的家庭年收入达到了564万日元。关于出现这种情况的原因，我会在下一节中进行说明。劳动者阶级的总资产很少，只有1582万日元；贫困率较高，为12.2%。此外，在劳动者阶级中，有24.5%的人认为自己在社会上处于"中上层"，有25.2%的人拥有"下层"意识。

旧中产阶级共有806.0万人，占比为12.9%。平均年龄较高，为59.1岁。女性所占比例约为四成。旧中产阶级的个人年收入为303万日元，家庭年收入为587万日元。虽然这两项的数额都高于劳动者阶级，但并没有高出很多。然而，由于旧中产阶级内部存在很大差距，实际上有很多人是在非常艰苦的环境下，谨慎地经营着自己的生意。因此，旧中产阶级的贫困率非常高，达到了17.2%。在旧中产阶级中，认为自己在社会中处于"中上层"的人占31.0%，只比劳动者阶级稍微高一些。

顺便说一下，现在社会整体的贫困率是9.8%，低于厚生劳动省于2015年公布的15.6%。这是因为前者的统计对象不包含失业或无业人员。

4. 正规与非正规之间的壁垒

在本节之前，我已经对4个阶级之间存在的经济差距进行了基本的说明，但还有一部分内容存在着些许违和感，那就是劳动者阶级的收入与贫困率。劳动者阶级的个人年收入为263万日元，这只不过是高中学历的人刚入职时拿到的工资水平，然而劳动者阶级的家庭年收入却超出这一数额两倍之多，达到了564万日元。这是为什么呢？明明劳动者阶级的个人年收入与家庭年收入都低于旧中产阶级，但劳动者阶级的贫困率却停留在了12.2%，这又是为什么呢？

这是因为劳动者阶级是由性质不同的几个群体组成的。

第一，是正规劳动者与非正规劳动者的区别（即我们通常所说的正式员工与非正式员工）。劳动者阶级共有3905.9

万人，但在这之中，正式员工约2192.5万人，非正式员工约1713.5万人。两者之比大约为56∶44。当然，这两者的薪资水平是完全不同的。在上一节中，我所提到的个人年收入、家庭年收入以及贫困率是将两者归在一起计算得出的结果。

第二，即使同样是非正式员工，兼职主妇与其他非正式员工之间也存在着很大区别。兼职主妇（在这里指拥有配偶的女性非正式员工）通常是指由丈夫负责家庭收入的基础部分，自己为补贴家用而出来工作的人。因此，即使她本人是时薪只有900日元的低薪资劳动者，也并不意味着她一定处于贫困状态。这是因为在大多数情况下，她本人的收入虽然很低，但她的家庭收入并不低。但是，除兼职主妇之外，即男性非正式员工和单身女性非正式员工，他们很有可能需要用自己的低薪资支撑起整个家庭的支出。所以，他们当然会很容易陷入贫困状态。

第三，是否有养老金。近年来，越来越多的老年人即使到了能领取养老金的年龄，也依旧在作为非正式员工工作。所以，与其他年龄段除兼职主妇之外的非正式员工相比，他们的收入有所增加，陷入贫困状态的风险也就没有那么高了。

生活最辛苦的劳动者

我将劳动者阶级内部划分为几个群体，他们各自的经济状况如表1-3所示。

表1-3 劳动者阶级内部的差距结构

群体	平均年龄/岁	个人年收入/万日元	家庭年收入/万日元	总资产/万日元	贫困率/%
正式员工	41.9	370	630	1428	7.0
兼职主妇	50.4	116	600	1954	8.3
除兼职主妇外的非正式员工（全体）	52.1	227	391	1467	27.5
除兼职主妇外的非正式员工（领取养老金的人）	66.8	257	410	1825	18.5

续表

群体	平均年龄/岁	个人年收入/万日元	家庭年收入/万日元	总资产/万日元	贫困率/%
除兼职主妇外的非正式员工（除领取养老金的人之外）	41.9	207	374	1179	35.6

资料来源：作者依据 2015 年 SSM 调查数据计算得出的结果。20—79 岁。

正式员工的平均年龄为 41.9 岁，个人年收入为 370 万日元，高于劳动者阶级的平均个人年收入，且高于旧中产阶级。劳动者阶级中正式员工的家庭年收入为 630 万日元，高于旧中产阶级。虽然平均年龄低并不等同于资产多，但他们的贫困率很低，只有 7.0%。因此，可以说他们陷入贫困的风险很低。

那么，兼职主妇的情况如何呢？她们的平均年龄为 50.4 岁。个人年收入很低，只有 116 万日元。但是，这主要是因为兼职主妇的劳动时间很短。此外，兼职主妇的家庭年收入为600万日元,并不亚于正式员工。兼职主妇群体的总资产高达1954万日元,她们的贫困率较低,为8.3%。

最后是除兼职主妇之外的非正式员工。他们的平均年龄较高,为52.1岁。个人年收入为227万日元,是正式员工的六成左右。他们的家庭年收入也很少,只有391万日元。总资产与正式员工相差无几,但贫困率却高达27.5%。

但是,在这类非正式员工中,包含了领取公共养老金的人。如果将领取公共养老金的人与不领取公共养老金的人分开来看,就会发现两者的经济状况有很大差别。

当然,领取公共养老金的人的平均年龄很高,为66.8岁,个人年收入为257万日元,虽然这一数额高于除去家庭主妇后,其他非正式员工的整体平均值,但其中包含了公共养老金。养老金收入为129万日元,平均每个月不到11万日元。这一数额超过了基础养老金(最高额度为每月6.5万日元)的数额,由此可以看出,这里包含了以前作为正式员工参加工作,并领取厚生养老金的人。但是,这与维持生计所需的金钱相比依旧相差甚远,所以,他们通过从事几乎需要付出同等劳力的非正式工作来增加收入,维持家庭的收支平衡。

领取公共养老金的这一群体的贫困率较低，为18.5%，但是一旦他们不再从事非正式的工作，就会立刻陷入贫困之中。

那么，除了领取公共养老金的人之外，剩余的其他人是什么情况呢？他们的平均年龄较为年轻，为41.9岁。个人年收入较低，为207万日元，家庭年收入为374万日元。总资产有1179万日元，这是因为这一群体中包含了拥有自己房产的人。如果仅限于金融资产，那么这一群体的总资产只有558万日元。此外，他们的贫困率达到了35.6%，是生活最为辛苦的一群人。

5. 在下层阶级出现之前

想必大家通过阅读上一节的内容，已经对现代日本社会中最易陷入贫困的群体有了初步了解。在现代日本社会中，最易陷入贫困的群体是除兼职主妇之外的非正式员工，即男性非正式员工和单身女性非正式员工。在他们之中，生活最为辛苦的是50岁以下的人。

第一章 新阶级社会的诞生

那么,这些人是如何陷入贫困泥沼之中的呢?这可以从泡沫经济时期开始说起。

1986年左右,日本的地价和股价开始急剧上涨,日本迎来了泡沫经济时期。股价在1985年到1989年之间,上涨了2.97倍。地价的上涨比股价稍晚一些,在1989年上涨了1.28倍,1991年上涨了1.62倍。日本首都圈内的地价平均上涨了2倍,东京市中心一等地的价格甚至上涨了5—6倍。大企业的资产日益增加,设备投资势头正旺,经济繁荣发展。

企业的用人需求也随之增加,但问题就出现在这里。石油危机之后,企业招聘陷入低迷,1978年(1月—3月,以下同此),兼职员工的有效求人倍率①是之前的93%;在除兼职之外的普通劳动者中,该数值甚至下降到了之前的52%。在这之后,虽然整体求人倍率逐渐恢复,但普通劳动者的求人倍率恢复情况并不乐观。与之相比,兼职的求人倍率却在持续回升。在1980年达到了之前的1.43倍(普通劳动者是75%),在1985年达到了之前的1.53倍(普通劳动者

---

① 求人倍率是指劳动力市场需求人数与求职人数之比。——译者注

是64%），在1989年达到了之前的3.75倍（普通劳动者是104%）（《劳动经济白皮书》2005年）。正如序言中所说的那样，企业为了削减成本，开始依赖非正式雇用，以此来获取劳动力。结果，从1985年到1990年，正式员工增加了145万人。与之相对，非正式员工增加了226万人，首次突破了员工（除董事之外）总数的20%。这些非正式员工大多为女性，但男性非正式员工也在不断增加。直到2005年，非正式员工一直以年均约增加47万人的速度持续增加。

什么样的人会成为非正式员工

瑞可利（Recruit）公司①开始使用"自由职业者"一词，是在1987年。"自由职业者"一词最初由英语的"自由"（free）与德语的"工人"（arbeiter）组合而成。在稍早之前，由"兼职的人"演变而成的"自由兼职者"一词曾在小范围内使用。将它进行缩略之后就产生了"自由职业

---

① 瑞可利公司是于1960年成立的一家提供招聘广告、促销和人员配备服务的日本企业。——译者注

者"一词。创造出这一词语的是曾任瑞可利公司信息杂志 *From A* 的主编道下裕史。在他看来,"自由职业者"包含着这样的含义:"正是因为在认真地思考人生,所以才没有参加工作""为了实现梦想,想确保拥有自由的时间,所以才没有从事固定职业,且还在继续努力的人"。而且,他希望能通过这个词为 *From A* 的读者加油打气。瑞可利公司在同年制作了名为《自由职业者》(横山博人导演)的电影,通过"以自由之身遨游在社会中的人""超越兼职与全职,如今最新颖最极致的工作者——自由职业者"等宣传语向大众宣传了自由职业者多彩且乐观的形象。在我看来,也许可以将在这一时期作为非正式员工走上社会的青年称为第一代自由职业者。

就这样,在走出学校的青年之中,一部分人作为非正式员工进入就业市场,这一潮流得以形成。之后,在被称为就职冰河期的"就职难"时期,这一潮流变得愈发流行。以就业情况急速恶化的 2000 年为例,在这一年,大学毕业生共有 538683 人,但成功就业的大学毕业生只有 300687 人,约占大学毕业生总数的 55.8%。在除去大学毕业后要读研和担任临床实习医生的人数之后，成功就业的大学毕业生人数约占大学毕业生总数的63.3%。从就职者之外的人数来看，符合自由职业者的字面含义——"从事临时工作"的人有22633人。

上述情况之外的人（既没有继续读书深造也没有就职的人）有121083人。但是，这些人中的大多数是一边兼职、一边生活的自由职业者，或者是连兼职也没有的"啃老者"。除此之外，"死亡或情况不明"的人有30688人，其中除了极少数已经确认死亡的毕业生之外，大部分是没有向大学提交自身就业情况的人。在我看来，这部分人（没有向大学提交自身就业情况的人）实际上很可能是自由职业者或"啃老者"。若将上述的几种情况归为自由职业者和无业者，那么其人数是174404人，在毕业生总数（不包括读研和担任临床实习医生的毕业生）中的占比约为36.7%。此外，其他学校的毕业生情况如下：在短期大学毕业生中，自由职业者和无业者有61461人，约占毕业生总数（不包含继续读书深造的毕业生）的38.2%；在高中毕业生中，自由职业者和无业者总数为133076人，约占毕业生总数（不包含继续读书深造的毕业生）的35.5%；在初中毕业生中，自由职业者和无业者为20329人，约占毕业生总数（不包含继续读书深造的毕业生）的60.9%。上述几类合计389270人，约占毕业生总数（不包含继续读书深造的毕业生）的37.3%。若加上从大学和高中退学以及从专科学校毕业的青年，那么结果将远远超过40万人，甚至接近50万人。

即使将统计范围限定在大学毕业生中，直到2004年，自由职业者和无业者的占比也一直高于30%。虽然在2004年之后，自由职业者和无业者的占比会随着企业用人需求而有所变动，但直到最近都一直在20%左右（2017年曾下降到11.6%）。从1990年起，自由职业者和无业者的数量不断增加，如今已超过300万人。在泡沫经济时期、就业冰河期，以及之后的时期中，都出现了大量年轻的非正式员工。

离婚、丧偶的女性开始成为非正式员工

在非正式员工中，还有一个庞大的群体，那就是经历了离婚或丧偶的女性。曾经是兼职主妇的女性，在离婚或丧偶之后，如果还继续从事之前的兼职工作，那她们将不再

是兼职主妇的身份，而是成了非正式员工中的一员。当曾经是专业主妇的女性为了生活而不得不开始工作时，她们之中的很多人都会成为非正式员工。

图 1-4 展示了女性在拥有不同配偶关系时的就业率差别。首先，从总数来看，就业率在应届毕业生入职之后的 20 岁后半段迎来了巅峰；在有很多女性选择结婚、生育的 30—39 岁降低；在通过兼职等方式实现再就业的 40—49 岁增加，总体呈 M 形曲线。但是，就业率会因女性配偶关

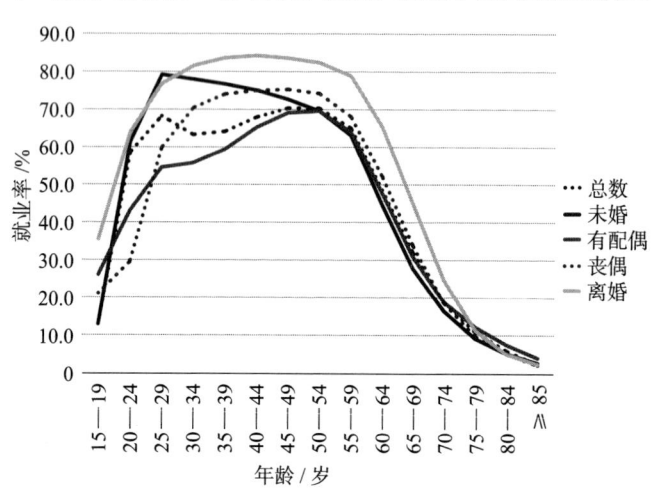

图 1-4 女性的配偶关系和年龄与就业率之间的关系

资料来源：作者根据 2015 年《人口普查》结果整理。

系的不同而产生很大差别。在除去年轻人和老年人之外的年龄段内，离婚或丧偶的女性就业率都高于有配偶的女性。尤其是离婚的二三十岁女性的就业率比有配偶的女性高出了 20% 以上。由此可见，许多女性以离婚为契机，开始重新就业。但是，她们之中的大多数人都是非正式员工。

将统计对象限定在有子女的女性中，依据厚生劳动省发布的《全国单亲家庭调查》（2006 年）可知，在成为单亲母亲前，这些未曾就业的母亲中，有高达 68.2% 的女性以成为单亲母亲为契机开始工作。其中，49.4% 是兼职，4.5% 是派遣社员，40.9% 是正式员工。此外，单亲家庭的母亲从事兼职工作的平均年收入只有 133 万日元。

非正式员工的境况不断恶化

20 世纪 90 年代，刚毕业的人中有许多人成了非正式员工。此外，在这一时期，离婚女性数量激增。虽然近年来有所减少，但离婚数量依然维持在较高水平，每年都有超过 20 万份的离婚登记（厚生劳动省《人口动态统计年度估算》）。以此为背景，除兼职主妇之外的非正式员工数量持续激增，如图 1-5 所示。

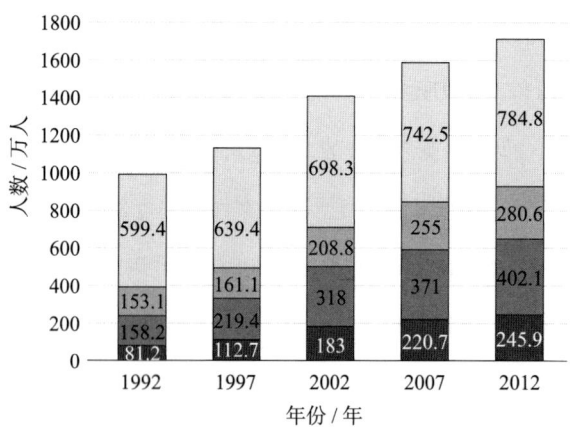

```
图表数据：
图例：有配偶女性 | 有配偶男性 | 无配偶女性 | 无配偶男性

1992年：599.4 / 153.1 / 158.2 / 81.2
1997年：639.4 / 161.1 / 219.4 / 112.7
2002年：698.3 / 208.8 / 318 / 183
2007年：742.5 / 255 / 371 / 220.7
2012年：784.8 / 280.6 / 402.1 / 245.9

纵轴：人数/万人
横轴：年份/年
```

图 1-5 从性别和配偶关系来看非正式员工的人数

资料来源：作者依据就业结构基本调查整理而成。1992—2002 年的数据来源是从调查中得到的个人信息，2007 年和 2012 年的数据是依据公开发表的汇总表计算得出的。

注：在校生、技术岗位及管理岗位的人除外。包含工作种类不明确的被雇用者在内。在使用调查中得到的个人信息时，一桥大学经济研究所附属社会科学统计信息研究中心提供了经过秘密处理的微观数据。

非正式员工的总数在 1992 年是 991.9 万人，之后每 5 年，非正式员工的人数分别增加到了 1132.6 万人（1997 年）、1408.1 万人（2002 年）、1589.2 万人（2007 年）、1713.4 万人（2012年）。在这20年间，非正式员工的人数增加了73%，非正式员工占全体就业者的比例从15.5%增加到了27.4%。虽然，兼职主妇（有配偶女性）的人数也在增加，但只增加了31%，且兼职主妇在非正式员工中所占的比例从60.4%下降到了45.8%。与此相对，男性非正式员工和无配偶女性非正式员工的人数激增，尤其是无配偶男性非正式员工增加了2.03倍，无配偶女性非正式员工增加了1.54倍，这可以称得上是非常极端的增长方式（有配偶男性非正式员工增加了0.83倍）。除兼职主妇之外的非正式员工总数是928.7万人，占全体就业者的比例从6.1%增加到了14.9%，甚至超过了旧中产阶级（12.9%）。

此外，这些非正式员工的境况正在急速恶化。将除兼职主妇之外的劳动者阶级按照性别以及是否是正式员工进行区分后，他们各自经济状况的变化情况如表1-4所示。表1-4中不包含60岁及以上的群体（因为这一群体可能会领取养老金）。

表 1-4 分裂的劳动者阶级

单位：万日元

调查项目		2005 年	2015 年	差额
个人年收入	男性 正式员工	408.8	428.1	19.3
	男性 非正式员工	237.4	213.0	-24.4
	女性 正式员工	280.6	295.9	15.3
	女性 非正式员工	158.3	163.9	5.6
家庭年收入	男性 正式员工	571.7	609.9	38.2
	男性 非正式员工	460.7	383.8	-76.9
	女性 正式员工	687.1	701.1	14.0
	女性 非正式员工	356.0	302.8	-53.2

资料来源：作者依据 SSM 调查数据计算得出。调查对象年龄为 20—59 岁，兼职主妇除外。

由表 1-4 可知，无论是个人年收入还是家庭年收入，正式员工的收入都在增加。其中，男性个人年收入增加了 19.3 万日元，女性个人年收入增加了 15.3 万日元。同样，男性的家庭年收入增加了 38.2 万日元，女性的家庭年收入增加了 14.0 万日元。这一结果很让人意外。因为正如与收入有关的所有统计结果显示的那样，日本劳动者家庭的收入在

20世纪90年代后半期达到巅峰后，理应持续减少。实际上，依据SSM调查数据计算各阶级的平均收入后，无论哪一阶级的个人年收入和家庭年收入都在大幅减少。劳动者阶级也不例外，在不区分正式（员工）与非正式（员工）的情况下进行计算后可知，他们的个人年收入和家庭年收入都在大幅减少。但是，如果将统计范围限定于正式员工，结果表明他们的收入在增加，经济状况也有所改善。

那么，非正式员工的情况如何呢？在非正式员工中，只有女性的个人年收入有些许增加，其他非正式员工的个人年收入都在大幅减少。男性非正式员工的个人年收入减少了24.4万日元，家庭年收入甚至减少了76.9万日元。女性非正式员工的家庭年收入也减少了53.2万日元。从比例来看，男性非正式员工的家庭年收入减少了17%，女性非正式员工的家庭年收入减少了15%。正式员工与非正式员工不仅在收入方面存在很大差异，而且他们的发展方向也完全相反。因此，正式员工与非正式员工之间的差距会越来越大。

上述数据是除去60岁及以上的人之后进行计算得出的结果，但这并不意味着60岁及以上非正式员工的境况会优于其他年龄段的人。因为60岁及以上的人每年可领取的平均养老金只有129万日元,这些钱不足以让他们养活自己。因此,应该会有许多老年人为了谋生而不得已成了非正式员工。关于这种情况,我将在第六章中进行详细说明。

由上述事实可知,我们很难将劳动者阶级作为一个群体或一个阶级来看待。因为劳动者阶级内部已经分裂成了正式员工和非正式员工这两种不同的群体。如果非要说的话,劳动者阶级已经分裂成了两个阶级,日本的阶级结构已经从四阶级结构变成了五阶级结构。

在本书中,我将这些非正式员工称为"下层阶级"。下一章将对下层阶级这一概念产生的背景以及将这些非正式员工称为下层阶级的意义进行说明。此外,我想将日本社会的这种变化归结为"新阶级社会"的诞生。

注:

1.将作为贫困率计算基准的贫困线设定为160.6万日元。这是依据在2002年就业结构基本调查中得到的个人信息计算得出的收入中位数[①]（321.2万日元）的1/2。在本书中主要使用的数据——2005年及2015年SSM调查的收入中位数是300万日元，2016年首都圈调查的收入中位数是400万日元。但是，从回答的分布情况可以判断出：前者是因为高收入群体的大部分人没有回答家庭年收入，所以中位数低；与之相反，后者是因为包含了许多市中心的调查对象，所以中位数高。因此，我选择使用收入中位数介于两者之间，且调查对象多、回答率高的就业结构基本调查数据。结果显示，由此算出的贫困率与经济合作与发展组织和厚生劳动省公开发表的贫困率几乎完全相同。此外，在2002年就业结构基本调查中得到的个人信息使用了一桥大学经济科学研究所附属社会科学统计信息中心提供的秘密处理后的微观数据。

---

① 收入中位数是指用统计学上中位数的概念来衡量某地普通民众的收入水平，相比较于人均收入，收入中位数更贴近普通民众的实际生活水平，因为某地的人均收入因贫富的差距可远远大于收入中位数，而收入中位数则可以将这种差距反映出来。——译者注

2. 在本书中，基本上是以调查对象学生生涯中最后就读的学校（其中包括初中、高中、大学等）为基准来判断他们的学历。因此，对调查对象来说，无论是在读还是退学，只要曾经上过大学，都会被按照大学毕业生的身份进行统计。

3. 关于与阶级相关的理论性问题，其具体内容请参照桥本健二《阶级社会》（日本讲谈社，2006年）一书。

4. 为了实际使用的数据能阐明各阶级的性质，需要通过工作种类、职位、企业规模等来区分4个阶级。在本书中，使用如下方法对4个阶级进行区分。

资本家阶级：工作单位有超过5名经营者、董事、个体经营者、家庭从业者。

新中产阶级：从事技术、管理、事务方面工作的被雇用者（不包括女性以及从事事务工作的非正式员工）。

劳动者阶级：从事除技术、管理、事务方面之外的其他工作的被雇用者（包括女性以及从事事务工作的非正式员工）。

旧中产阶级：工作单位有不足5名经营者、董事、个体经营者、家庭从业者。

第一章　新阶级社会的诞生

之所以将划分资本家阶级与旧中产阶级的界限设定为企业规模是否超过5人，是因为许多以企业为对象的统计调查都将调查对象限定在超过5人的企业中。一般来说，社会大众对于"企业"一词的共同认知是"超过5人的事业团体"。而且，从数据方面可以看出，以是否超过5人为界限，（企业）经营者、个体经营者的收入以及生活状态会有很大差别。此外，男性事务职员是新中产阶级，女性事务职员是劳动者阶级。之所以这样区分，是因为日本依据复线型人事管理制度①，大多将男性置于综合职位，将女性置于一般职位，且这两者无论是在工作内容、晋升渠道还是薪资方面，都有很大差别。

---

① 复线型人事管理制度是指根据业务内容、工作调动的有无、向管理职位晋升的可能性等，按不同情况将从业人员分开进行人事管理的制度。——译者注

第二章

何谓下层阶级

1. 下层阶级的冲击

1977年8月29日，美国《时代》周刊的封面人物可谓极具冲击力。在该期封面上，大书特书着"少数派中的少数派——美国的下层阶级"。这行字下面的九个人，有黑人和拉美裔美国人（图2-1）。周刊中以《美国的下层阶级：富裕国家中的极度贫困与绝望》为题的报道，描绘了美国大都市里下层阶级的样貌。

图2-1 《时代》周刊封面中的下层阶级

第二章　何谓下层阶级

在开始崩坏的墙壁背后，隐藏着令许多人难以想象的情况。被社会排挤的、感受到社会敌意的人在卑微地生活着。他们是寻常人接触不到的存在，是美国的下层阶级。

他们的成员包含了所有人种，居住在许多地区。但下层阶级的大部分人是生活在都市的贫穷黑人，他们至今仍苦于奴隶制度所遗留下来的糟粕。在大多数情况下，下层阶级的世界里充斥着腐朽的住宅、损坏的家具、劣质的食物等。下层阶级的人在双重意义上被遗弃。他们首先被富裕的多数派遗弃，随之又被许多黑人或拉美裔美国人遗弃。这些黑人或拉美裔美国人或是为了成为中产阶级而辛苦工作；或是即使现在贫困，但能看到未来的希望。下层阶级的人在充斥着街头赌博、小偷，甚至暴力犯罪的文化中，既是受害者，也是加害者。

他们生活在没有希望的环境之中，因此形成了与多数派以及其他大多数阶层完全不同的价值观。这样一来，作为少数派的下层阶级就会与这个国家产生诸多"不合"，于是，各种各样的成年犯罪、家庭崩坏、城市衰退等情况开始显现，不必要的社会支出也随之增多。

当然，下层阶级一词并非《时代》杂志所创造的。因为下层阶级一词是由"under"和"class"组合而成的简单词语，所以有几个单纯使用其字面含义的例子。例如，1926年，德国哲学家马克斯·舍勒在他的著作《知识形态与社会》一书中，针对上层阶级（Oberklasse）和下层阶级（Unterklasse）的不同理想状态进行了论述。但是，在"现代社会中产生的新下层阶级"这一意义上，最初使用"下层阶级"一词的是瑞典经济学家纲纳·缪达尔（但缪达尔在"under"与"class"之间加入了连字符，即"under-class"）。

下层阶级的增加会威胁民主主义吗

1962年，缪达尔以曾在加利福尼亚大学进行演讲的内容为基础，出版了《向富裕发起挑战》一书。在这本书中，缪达尔谈及了美国经济的整体情况，特别是在前四章中，他指出了失业和贫困的问题，并对此进行了论述。

在美国，失业率不断增加，这是因为技术革新使劳动需求与劳动供给之间产生了质的分歧。曾经，人们普遍认为，

第二章 何谓下层阶级

在美国，只要拥有健全的精神、健康的身体以及毅力，谁都可以找到工作，并且可以拥有高职位，得到高报酬。但如今，技术革新在不断进步，加上美国已经普及了高等教育，所以劳动需求开始越来越倾向于受过教育和训练的人。于是，那些没有受过教育或训练的人因此失业，或被迫成了工资极低的非正式员工。缪达尔将由此产生的"永久失业者、无法就业者以及非正式员工"称为下层阶级。

此外，缪达尔认为，美国社会的大部分人可以通过接受教育来实现社会阶层的跨越和经济水平的飞跃，但是其中有一条分界线，而下层阶级位于这条分界线之下。下层阶级的孩子和他们的父母一样被置于恶劣的环境中，如此循环往复，下层阶级的人就这样永远处于下层阶级而无法翻身。缪达尔将这种事态视为美国民主主义的危机。他认为这些人在经历了长期的失业或不被完全雇用的状态后，毫无疑问会失去活力，变得颓废。下层阶级没有发言权，也无法成立为了自身利益而进行斗争的组织。如果是健全的民主主义社会，那么没有特权的人理应会发起抗议活动。

如上所述，缪达尔始终认为下层阶级是技术革新以及由技术革新所引发的劳动市场变化的牺牲者。对此，在前文提及的《时代》杂志的报道中，虽然论及了下层阶级作为牺牲者的一面，但也强调了下层阶级在文化上的异质性，并且着重强调了这种异质性会成为犯罪的源泉，增加社会的负担。

2. "不值得救济"的贫困阶层

之后，"下层阶级"一词的含义发生了很大变化，开始从缪达尔的用法向《时代》杂志中的用法转变。这对于时常将贫困归结为"自我责任"的日本来说，是一个很重要的参考。对此，美国社会学家赫伯特·甘斯在他的著作《与贫困阶层的斗争》一书中进行了详细论述，我在此简单地介绍一下。

赫伯特·甘斯认为，20世纪60年代中期，由于各地的贫民区频繁发生暴动，对黑人含有种族歧视意味的侮辱性言语开始层出不穷。此外，在《时代》杂志刊登那篇报道

第二章 何谓下层阶级

之前,赫伯特·甘斯就已经开始关注保守派杂志《公共利益》上刊登的报道。在一篇提及芝加哥市伍德朗地区的报道中,(该篇报道的)作者在几乎没有实质性证据的情况下,将下层阶级产生的原因归结为:城市的福利政策使贫困长期存在,妨碍人们向更高层次发展。

贴着标签的系谱

赫伯特·甘斯认为这篇报道是"之后10年间所发生的'贴标签'行为的开始"。他之所以这样说,是因为这篇报道将目光聚焦于经济方面,它成了一个契机,使缪达尔口中与人种无关的"下层阶级"一词转变成了含有轻蔑意味的"贴标签"用语。转变后的"下层阶级"一词,不仅包含歧视"贫穷人种少数派"的含义,还将"贫穷人种少数派"的行为视为问题的根源。

此外,赫伯特·甘斯认为,"下层阶级"一词首次以"关注行为的某一方面"这一含义出现在主流媒体,是在《时代》杂志的那篇报道中。由此,下层阶级一词不再作为强调贫困阶层经济上贫穷的用语,而是作为强调行为方面的用语开始被广泛使用。顺便说一下,在这篇报道刊登之前,埃尔维斯·普雷斯利去世了,《时代》杂志封面差点儿被更换为追悼他的内容,但当时的主编赫德利·多诺万阻止了这件事。

4年后,肯·奥莱塔在《纽约客》杂志上以《下层阶级》为题,三度执笔,第二年还出版了同名著作。他提出,"犯罪、生活保障问题以及明显的反社会行为增加等,正在折磨着美国的大多数城市",在煽动了这种危机感后,他开始对下层阶级进行论述。他认为下层阶级是"感到自己被社会排挤、拒绝正常的价值观、收入低下,且在行为方面也有缺陷的人"。在肯·奥莱塔看来,下层阶级只是用来描述某一群体的中性词,但实际上,下层阶级是含有侮辱意味的词。赫伯特·甘斯认为,肯·奥莱塔的著作结束了给下层阶级"贴标签"的行为。之后,从20世纪80年代中期到后期,下层阶级作为日常用语被媒体广泛使用。

赫伯特·甘斯认为,在这个过程中,许多研究者也参与普及了下层阶级这一概念。《时代》杂志的报道和肯·奥莱塔的著作引用了许多研究者的发言,这些研究者的发言成

第二章 何谓下层阶级

了报道或著作中观点的有力支撑。此外,随着"下层阶级"一词的普及,保守派的财团给下层阶级的贫困阶层"贴标签",并为想要削弱贫困对策和福利政策的研究提供支持。上述内容就是赫伯特·甘斯所总结的"下层阶级"一词被广泛使用的经过。

与保守派关联后的结局

保守派政治学家查尔斯·默里在《英国下层阶级的出现》这篇论文的开头部分中,讲述了如下的回忆:

> 我的父母都属于中产阶级,他们曾经告诉过我,贫穷的人有两种,其中一种贫穷的人是无法被称为"穷人"的。他们像我父母年轻时一样,靠着自己微薄的收入过着俭朴的生活。但是,另一种贫穷的人,他们在贫困群体中占据极少的一部分,他们不仅没有足够的金钱,而且在行为举止上也有他们独自的特点。他们的家里通常乱七八糟;家庭里的男性从事某一工作最长也不会超过几周,而且经常喝得酩酊大醉;孩

子们无法适应学校生活，且大多数孩子行为举止恶劣，是当地的不良少年。

默里认真听从父母的教诲，后来成了政治学家。对他来说，所谓下层阶级并不是贫困造成的，而是人们自身可悲的行为造成的，从而使自己坠入与其他阶级界限分明的"下层阶级"。此外，在默里看来，是福利政策催生出了下层阶级。由于福利制度和收入补贴制度的存在，人们开始变得懒惰，越来越依赖于福利政策，由此衍生出了下层阶级。因此，他认为，如果取消所有的福利制度和收入补贴制度，问题就会迎刃而解。

很显然，默里的主张是一种谬论，他将贫困归因于贫困者本人的行为和福利制度。但是，他的这一主张却产生了很大的影响。在里根执政期间，他的主张成了美国政府削减教育和福利支出的依据（威尔逊《美国的下层阶级》）。

这样一来，下层阶级一词中便包含了这样一种微妙的语感：大都市的贫困阶层因其自身有问题的行为模式而使自己陷入贫穷的境地，是不值得被救济的人。正如英国记者

第二章　何谓下层阶级

杰里米·希布鲁克所说,"根据下层阶级这一命名,政府可以摆脱自己对下层阶级群体本该承担的责任"。他的这一观点与"因为在道德和社会层面被差别对待的人没有自我拯救的意愿,所以只能狠心地将他们抛弃"这种社会的普遍观念相同,并且进一步强调了这种观念(《阶级社会》)。

3. 富足的多数派形象

支持福利制度的自由派对于"下层阶级"一词的使用提出了诸多批判。从自由派的立场出发,使用"下层阶级"一词的威廉·威尔逊,在就任全美社会学会会长的演讲中,甚至宣告停止使用"下层阶级"一词,将其更换为"贫民区的贫困者"这一说法(威尔逊《关于城市中心的社会性困难研究》)。

但是,很多人主张暂且切断"下层阶级"一词与人种和民族之间的联系,仅将其作为与经济相关的概念来使用。这是因为与传统意义上的劳动者阶级在很多方面有所不同的贫困阶层普遍存在于现代发达国家的社会中。比如，英国社会学家罗斯玛丽·克罗普顿认为，下层阶级展示了一种永久贫困状态，他们通常无法通过经济活动来维持生计。在资本主义社会中，他们是必然的、普遍的存在（《阶级与阶层》）。同样，英国社会学家史蒂夫·艾德格认为，下层阶级是"相对过剩人口"或"产业后备军"，是处于低雇用或失业状态时可以用完就扔的劳动力，是先进资本主义社会中普遍的存在（《何为阶级》）。

是谁在支撑富足的多数派的生活

因《富裕的社会》和《不确定的时代》等著作而闻名的美国经济学家约翰·肯尼思·加尔布雷思指出，"下层阶级"一词将"现代社会的重要特征"展现得淋漓尽致。

加尔布雷思认为，现代的美国社会不再是由极少数成功者所支配的社会，而是由"富足的多数派"所支配的社会。这一多数派中包含了不同职业的人，由位于上流或中流的企业经营者和员工、收入稳定的个体经营者、技术人员、拥有熟练技能的劳动者、农民等组成。虽然这些人在

第二章 何谓下层阶级

数量上不一定占多数,但是由于其他群体的人很少参加选举,所以在投票者中,这些人就成了多数派。因此,政治家会想要满足"富足的多数派"的要求。

多数派的这些人对于收入差距十分宽容。在这个多数派中,虽然也有许多不是富裕阶层的、收入水平一般的人,但为了能保持自己现有的收入,他们必须对其他人的高收入保持宽容。因为一旦他们同意对富裕阶层的收入进行征税之后再分配,那么就相当于为之后对不那么富裕的他们进行增税开了先河。

但是,支撑着"富足的多数派"的生活的是其他阶级。他们的生活是由各种各样服务于消费者的劳动者来支撑的。具体来说就是(酒店等的)门童、家政服务员、道路清洁工、垃圾回收工、门卫、电梯工等。但是,这些劳动者都需要听从他人的命令,他们的工作是"重复的、枯燥的、劳累的、痛苦的、令人厌烦和感到屈辱的"。社会上对这些工作的评价很低,从事这些工作的劳动者能拿到的工资也十分有限。

加尔布雷思指出,"由上述内容,我们可以明确现代经济社会的基本事实之一：在我们的经济中，被所有人嫌弃的、辛苦的工作是贫穷的人必须去做的工作"。实际上就是下层阶级的人在承担这些工作。为了能简洁地表现出：①如果没有这些人承担这些工作，社会将无法运转；②承担这些工作的人正处于贫困状态，加尔布雷思使用了"功能上不可缺少的下层阶级"（the functional underclass）的说法。

此外，主流派的经济学家和其他社会科学家发表了诸多服务于"富足的多数派"的言论。比如，"政府的介入是有害的，让富裕的人追求更多的财富对社会来说是有益的"等。同时，削弱社会大众对于贫穷阶层的责任感，比如，"在社会中扮演着重要角色的下层阶级，其贫困是他们自己招致的，没有必要对他们实施救济"。

加尔布雷思认为，现代的美国社会由两种要素组成，即"富足的多数派"（其中包含富裕阶层和过着普通生活的人）和"从事底层劳动、服务于多数派却得不到回报的下层阶级"。

根据克罗普顿和艾德格的主张，下层阶级并不是在现代社会中产生的新阶级类型，而是资本主义社会中经常存在的阶级。关于这一点，可以参考以下内容。

第二章　何谓下层阶级

　　劳动者阶级是资本主义社会的下层阶级，资本主义如果想长期存在并实现自身的成长和发展，就需要让劳动者阶级过上像样的生活，以继续保持其劳动力；就需要至少能够保障劳动者阶级生育和养育下一代的能力。因此，给劳动者阶级的工资必须至少要能满足他们的日常生活开销、看病、结婚生子等。但是，下层阶级并没有得到可以保障这些方面的工资。也就是说，作为劳动者阶级的必要条件并没有充分得到满足。

　　像这样，作为劳动者阶级的必要条件没有得到满足的低薪资劳动者，无论在什么时候都存在于资本主义社会中。在第二次世界大战后的日本，他们是被称为日工的日雇用劳动者、不知何时会被开除的临时工以及只能获得零用钱程度工资的住宿店员等。在现代日本，他们是由兼职员工、派遣社员等组成的非正式员工。

4. 劳动者内部的分界线

可以说，加尔布雷思所描绘的美国社会结构与日本有很多共通点。如我在第一章中所说，在现代日本中，除兼职主妇外的非正式员工数量正在急速增加，这些人与其他阶级之间的差距非常大。即便与同为劳动者阶级的正式员工相比，他们也存在很大差距，并且这一差距还有继续扩大的倾向。

迄今为止，日本的劳动者阶级虽说是处于资本主义社会底层的阶级，但是其中大部分人是正式员工，他们拥有稳定的地位，并且能获得与他们的劳动相匹配的工资。与此相对，人数激增的非正式员工不仅工作不稳定，工资也远不及正式员工。而且，他们很难结婚并组建自己的家庭。他们开始构成与迄今为止的劳动者阶级性质不同的下层阶级。如果将劳动者阶级看作资本主义社会中最下层的阶级，那么非正式员工就是"阶级之下"的存在。这样看来，用"下层阶级"来称呼他们也许是最合适不过的了。

为了避开始终围绕"下层阶级"一词的"歧视性"语

第二章　何谓下层阶级

义，并不是不能考虑使用其他词语。哥斯塔·埃斯平·安德森因出版了许多与"福利国家"这一概念相关的著作而闻名，他指出，在欧洲，社会上的失败者正在逐渐形成"被赋予新名称的社会阶级"，这些人以及包含这些人的阶级结构在丹麦被称为"A组"和"B组"；在德国被称为"三分之二社会"；在法国被称为"两种速度的社会"；在英国和美国被称为"下层阶级"。就像这样，下层阶级在发达国家中形成，并被冠以不同的名称（《后工业经济的社会基础》）。但是，在对这些名称进行比较时，无论怎么想，最单刀直入且最能给人以直观印象的都是"下层阶级"一词吧。

可能会有人觉得就按原来那样称呼他们为"非正式员工"也未尝不可。但是，这样一来，就很难将他们与其他群体（包括虽然家庭年收入不低，但是为补贴家用而出来工作的兼职主妇；兼职的学生；从大企业退休后过着悠闲生活的被返聘的老年人等）区分开来。对新诞生的下层阶级而言，适合他们的应该是能将他们明确地与其他阶级区分开来，并且能给人以直观印象的名称。如果不是这样的话，他们的窘境就会一直处于无法被世人知晓的状态。

至今仍存在的对于非正式员工的误解

关于非正式员工,至今仍有很多人被一直以来的印象所蒙蔽。例如,《朝日新闻》的经济专栏《经济气象台》在2018年5月3日这一期中提到了"下层阶级"。该篇文章作者的论述如下:"通过'下层''下层阶级'等词,随意地对社会阶层进行定位,这并不是一个好的倾向。"在这样断言之后,他介绍了与非正式员工相关的调查结果:"非正式员工主要是主妇、学生和退休后的老年人。他们认为'哪怕赚得很少,也想通过工作来增加收入',他们的这种思想是健康向上的,并不会使他们走向'下层'或'下层阶级'。"

在这里,我所说的"下层阶级"并不是像兼职主妇或兼职学生这类不需要负担家庭的主要支出,只是为了赚取更多收入,才成为非正式员工的人;而是为了承担家庭的主要支出,以非正式员工的身份参加工作的人。正如上一章的图1-5所示,非正式员工的主流已经不再是兼职主妇了。即使除去兼职学生,单身男女的非正式员工数量也达到了648万人。如表1-3所示,除兼职主妇外的非正式员工的贫困状况都非常严重。

在兼职主妇中，有很多人为了不陷入贫困而背负着双重负担。她们既要做家务，又要在外面打工。在兼职的学生中，绝大多数都是如果不兼职就无法支付学费的苦学生。他们之中可能会有人因为被兼职占用了学习时间，而不得不退学，最终无法找到理想的工作。因此，在这些只是在人生某一阶段是非正式员工的人之中，也存在着与下层阶级重合的部分。但是，将这些人在社会中所处的位置看作与下层阶级相邻的位置，可能会更确切一些。

此外，退休后的高龄非正式员工在很大程度上是为了弥补贫乏的养老金而被迫出来工作赚钱。在大多数情况下，我们很难认为这是老年人自己主动选择的道路。因此，虽说他们的情况与50岁以下的群体有些不同，但在我看来，还是将他们看作下层阶级的一员比较合适。泡沫经济时期之后，在社会上工作的50岁以下的下层阶级（的人）不久之后就上了年纪，与退休后的非正式员工成为一体，由此形成了高龄下层阶级。

如果是这样的话，我们就可以这样理解现代日本的阶级结构。

迄今为止，日本的社会是由资本主义世界中的资本家阶级、新中产阶级、劳动者阶级，以及个体经营世界中的旧中产阶级这四种阶级结构组成的。但是，由于劳动者阶级内部形成了巨大的差距，资本主义世界因此转变成了差距巨大的四层结构。这样一来，日本社会在之前的4个阶级的基础上，又加上了下层阶级这一新阶级，转变成了5个阶级的结构（图2-2）。

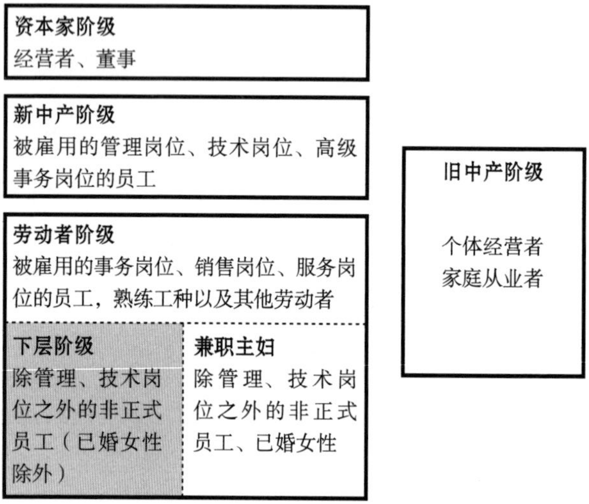

资本家阶级
经营者、董事

新中产阶级
被雇用的管理岗位、技术岗位、高级事务岗位的员工

劳动者阶级
被雇用的事务岗位、销售岗位、服务岗位的员工，熟练工种以及其他劳动者

下层阶级
除管理、技术岗位之外的非正式员工（已婚女性除外）

兼职主妇
除管理、技术岗位之外的非正式员工、已婚女性

旧中产阶级

个体经营者
家庭从业者

图 2-2　新阶级社会的结构

第二章 何谓下层阶级

由于下层阶级的出现，日本的阶级结构发生了巨大转变。我想将其称为"新阶级社会"。明确这个新的阶级结构以及作为新阶级的下层阶级的特征，是本书下一章的课题。

第三章

现代日本的下层阶级

1. 数据方面的特征

在当今日本社会中，下层阶级的人是一群什么样的人呢？他们都是低收入、高贫困率的人，并且他们的收入还有继续减少的趋势，他们与正式员工之间的差距正在逐步扩大。在这一节中，我所使用的数据是在序言的最后部分中提到的 2015 年 SSM 调查数据和 2016 年首都圈调查数据。这两个调查都是通过问卷调查的形式，针对职业、学历、迄今为止的经历、生活上的各种事情以及想法等，对被调查者进行了详细询问。与人口普查等政府的统计调查相比，这两个调查中涉及个人隐私的问题较多，因此需要花费（被调查者）更多的时间。在问卷回收率方面，2015 年 SSM 调查的回收率是 50.1%，2016 年首都圈调查的回收率是 41.8%。此外，调查方法是通过居民基本登记册和选举人名簿随机抽取对象进行回访调查。因此，回答者的分布会存在些许偏差。大多数时间都待在家里的专业主妇和老年人等的问卷回收率会比较高。所以，在观察数据时，需要提前留意这一点。

从数据来看下层阶级的特征

图3-1是将下层阶级的性别、年龄、学历等与其他阶级进行比较之后得出的。统计对象是20—79岁的人。正如我在第一章中所说的那样，60岁及以上（包括领取养老金的群体在内）的下层阶级与60岁以下的下层阶级相比，在经济上会稍微稳定一些，但是，在这里，为了让大家更好地了解下层阶级的整体样貌，我没有对其做进一步的区分。

在除下层阶级之外的其他阶级中，男女比例几乎相同。但是，在下层阶级中，男女比例基本上是6∶4，男性更多一些。在年龄的分布上也很有特点，下层阶级中20—29岁的群体占15.3%；30—59岁的群体均占12%左右；60—69岁的群体占37.6%；70—79岁的群体占10.9%。60—69岁的群体之所以占比较高，是因为有很多人在退休之后又以非正式员工的身份被重新雇用，之后我会对此进行详细说明。在这之中，也包括有长期正式员工工作经验、经

(1) 性别

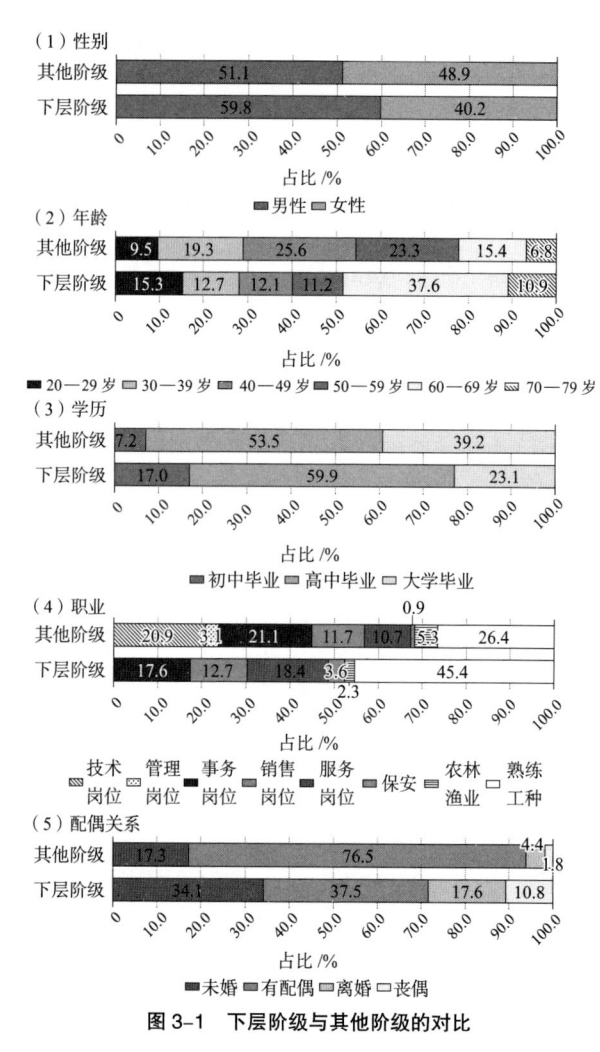

	男性	女性
其他阶级	51.1	48.9
下层阶级	59.8	40.2

占比 /%

(2) 年龄

	20—29岁	30—39岁	40—49岁	50—59岁	60—69岁	70—79岁
其他阶级	9.5	19.3	25.6	23.3	15.4	6.8
下层阶级	15.3	12.7	12.1	11.2	37.6	10.9

占比 /%

(3) 学历

	初中毕业	高中毕业	大学毕业
其他阶级	7.2	53.5	39.2
下层阶级	17.0	59.9	23.1

占比 /%

(4) 职业

	技术岗位	管理岗位	事务岗位	销售岗位	服务岗位	保安	农林渔业	熟练工种
其他阶级	20.9	3.1	21.1	11.7	10.7	5.3	0.9	26.4
下层阶级	17.6		12.7	18.4	3.6	2.3		45.4

占比 /%

(5) 配偶关系

	未婚	有配偶	离婚	丧偶
其他阶级	17.3	76.5	4.4	1.8
下层阶级	34.1	37.5	17.6	10.8

占比 /%

图3-1 下层阶级与其他阶级的对比

资料来源：作者依据2015年SSM调查数据计算得出。

第三章 现代日本的下层阶级

济较稳定的阶层。此外，在除下层阶级之外的其他阶级中，20—29岁的群体较少，仅占9.5%。在我看来，这是因为生活不规律且大多是独自居住的年轻人的回答率很低。因此，20—29岁的群体在下层阶级中的实际占比会比图上显示的结果更高一些。相反，60—79岁的群体在下层阶级中的实际占比应该会比图上显示的结果低一些。

从学历方面来看，与其他阶级相比，下层阶级的人学历较低，大学毕业生只占23.1%，初中毕业生占17.0%。在工作种类方面，下层阶级的人大多从事服务岗位和熟练工种的工作。为了使大家对此有更具体的了解，我对工作种类进行了更为细致的分类。在2015年SSM调查的回答者中，被划分到下层阶级中的有659人。这些人的工作种类按照从多到少的顺序来看，分别是销售员（63人）、总务/企划事务员（40人）、清洁工（40人）、汽车司机（39人）、厨师（32人）、其他劳务工作者[1]（30人）、服务员（29人）、搬运工（24人）、营业/销售事务员（20人）、（监狱的）看守/门卫/救生员（20人）、护理人员/保姆（20人）。虽然到此为止都没有出现与工厂的制造工序相关的熟练工种，但这是因为在职业分类中，熟练工种被划分得非常细，所以每个具体的职位人数会因此变少。食品饮品加工人员（14人）、普通机器组装工／修理工（10人）、电器机器组装工／修理工（9人）、橡胶／塑料制品制造人员（7人）等，加起来就是一个很大的数目。

从配偶关系来看，在下层阶级中，有配偶者占37.5%；未婚者占34.1%，离婚者占17.6%，丧偶者占10.8%。

2. 因性别和年龄而产生的差异

下层阶级是一个什么样的群体呢？让我们来更具体地看一下吧。

如表3-1所示，按照性别和年龄分别来看下层阶级的配偶关系。在除下层阶级之外的其他阶级中，无论男女，从20—29岁这一年龄段到30—39岁这一年龄段，有配偶者大幅增加，超过了七成；在40—49岁这一年龄段中，有配偶者占八成左右；在50岁及以上的群体中，有配偶者达到了九成左右。随着年龄增长，离婚和丧偶的人数逐渐增多，未婚者很少。对除下层阶级之外的人来说，结婚似乎是理所当然的事情（至少也应该结一次婚）。

表 3-1 下层阶级与其他阶级的配偶关系比较

性别	年龄	下层阶级			其他阶级		
		未婚	有配偶	离婚/丧偶	未婚	有配偶	离婚/丧偶
男性	20—29岁	92.5%	7.5%	0	75.0%	24.0%	1.0%
	30—39岁	70.5%	27.3%	2.3%	27.2%	70.4%	2.4%
	40—49岁	70.6%	20.6%	8.8%	19.3%	77.3%	3.4%
	50—59岁	26.5%	50.0%	23.5%	9.7%	82.1%	8.2%
	60—69岁	5.7%	84.9%	9.4%	4.3%	88.0%	7.7%
	70—79岁	2.0%	90.0%	8.0%	1.2%	89.8%	9.0%

续表

性别	年龄	下层阶级			其他阶级		
		未婚	有配偶	离婚/丧偶	未婚	有配偶	离婚/丧偶
女性	20—29岁	88.5%	—	11.5%	67.6%	29.6%	2.8%
	30—39岁	62.5%	—	37.5%	20.0%	75.8%	4.3%
	40—49岁	39.1%	—	60.9%	10.2%	82.3%	7.5%
	50—59岁	20.0%	—	80.0%	3.9%	87.7%	8.4%
	60—69岁	7.1%	—	92.9%	2.1%	91.0%	6.9%
	70—79岁	13.6%	—	86.4%	0.7%	79.6%	19.7%

资料来源：作者依据2015年SSM调查数据计算得出。

但是，下层阶级与他们不同。在下层阶级的男性中，40—49岁这一年龄段的有配偶者占两成左右；50—59岁这一年龄段的有配偶者也仅为五成；在60岁及以上的群体中，有配偶者超过了八成，与其他阶级没什么差别，但这当然不是因为下层阶级的人在60岁之后才结婚，而是因为以60岁为分界线，他们的上一代下层阶级和下一代下层阶级性格不同。关于这一点，我会在之后进行证实。

在女性中，因为有配偶的非正式员工被划分到了兼职主妇一类，所以，下层阶级的女性是全员未婚或离婚、丧偶的状态。未婚者在20—29岁这一年龄段中接近九成，之后随着年龄增长，未婚者的比例急速下降，离婚或丧偶者的比例增加。在40—49岁这一年龄段中，离婚或丧偶者超过六成；在50—59岁这一年龄段中，离婚或丧偶者达到了八成。如上所述，在属于下层阶级的年轻女性中，未婚者是主流；随着年龄增加，离婚、丧偶者开始成为女性下层阶级的主流。到了60岁及以上，女性和男性一样，与其他阶级之间的差距变小，但即便如此，未婚者仍占一成左右。

贫困就在身边，对生活感到不满

下层阶级的贫困率如图3-2所示。下层阶级之外的人的贫困率在20—29岁这一年龄段中超过了10%，在30—39岁这一年龄段中下降到了5%左右。此后，这一状态一直持续到50—59岁，在60—69岁之后又开始上升，超过了10%。但即便如此，男性贫困率的最高值也不过是14.8%，女性贫困率的最高值是18.2%。大多数人都与贫困无缘，即使遭遇贫困，也仅限于年轻时和老年后。

但是，下层阶级则不同。在下层阶级中，20—29岁这

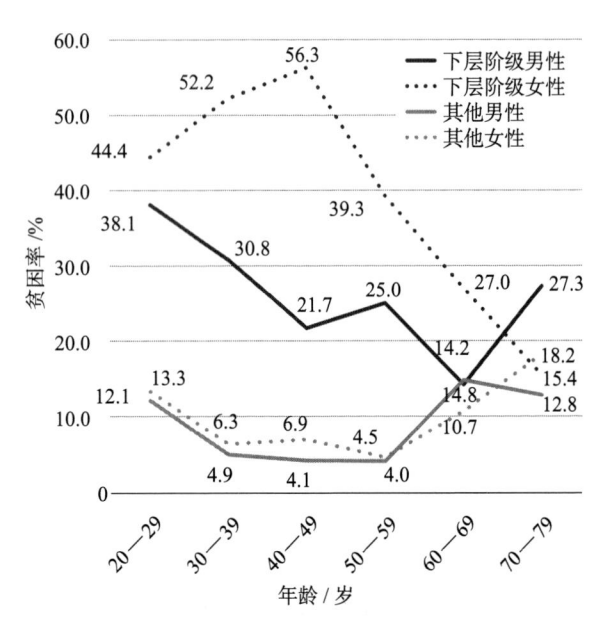

图 3-2　下层阶级的贫困率

资料来源：作者依据2015年SSM调查数据计算得出。

第三章　现代日本的下层阶级

一年龄段的人贫困率很高，男性的贫困率达到了38.1%，女性则达到了44.4%。在男性中，虽然贫困率随着年龄增加而降低，但是即使到了50—59岁，他们的贫困率仍高达25.0%。女性群体的贫困率更高，在40—49岁这一年龄段中达到了56.3%。对下层阶级而言，贫困就在他们身边。不过，在60—69岁这一年龄段中，无论男女，贫困率都显著地降低了。男性的贫困率在大幅下降后，与下层阶级之外的其他阶级几乎没有差距。女性的贫困率在70—79岁这一年龄段中与其他阶级几乎没有差距（不过，在70—79岁这一年龄段中，男性的贫困率变高）。

图3-3显示了对于生活感到满意的人的比例。在除下层阶级之外的群体中，在20—29岁这一年龄段中，对生活感到满意的人超过了四成，之后虽然有所降低，但依旧保持在三成左右。顺便说一下，在所有年龄段中，对于现在的生活感到不满的人（其中包含选择"比较满意"这一选项的人）在男性中只占10%左右，在女性中只占5%左右。

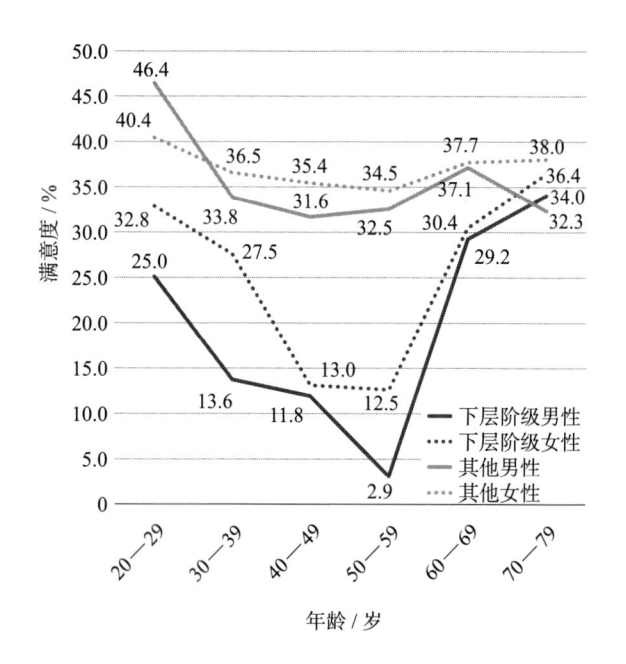

图 3-3 下层阶级的生活满意度

资料来源：作者依据 2015 年 SSM 调查数据计算得出。

注：图 3-3 显示的是在"满意""比较满意""不确定""比较不满""不满"五个选项中，选择回答"满意"的人所占的比例。

但下层阶级却不同。在 20—29 岁的男性中，对于生活感到满意的人占 25.0%；在 20—29 岁的女性中，对于生活感到满意的人占 32.8%。但是随着年龄增长，满意度急速下降。在男性中，在 40—49 岁这一年龄段中，对生活感到满意的人占 11.8%；在 50—59 岁这一年龄段中，对生活感到满意的人只占 2.9%。在女性中，比例分别下降到了 13.0% 和 12.5%。不过，在 60 岁及以上的人中，对于生活感到满意的人很多，与其他阶级之间几乎没有差距。

由性别和年龄导致的下层阶级内部的分界

由上述内容，我们可得知如下事实。

第一，下层阶级是从其他阶级中割裂出来的下层部分。他们的收入明显很少，贫困率高。对下层阶级之外的其他阶级来说，结婚并组成家庭是理所当然的事情，但是在下层阶级中却并非如此。此外，下层阶级的人无法对自己的生活感到满意，并认为自己处于社会的底层。

第二，我们可以看到下层阶级中由于性别和年龄不同而产生的差别。

在下层阶级中，20—49 岁的男性下层性强，贫困率高，对于生活的满意度极低。他们中的大多数人都是未婚者，这大概是因为以他们的经济水平很难结婚。但是，60 岁及以上的男性下层性弱，贫困率低，对于生活的满意度高。

此外，在 60 岁及以上的男性中，将近九成的人有配偶和家庭。50—59 岁的男性群体的情况则介于上述两者之间。

在女性中，直到 50 岁之前，她们的下层性都很强。在 60—69 岁这一年龄段中，她们的下层性开始减弱。下层阶级的女性直到 50 岁之前，贫困率都非常高。关于生活满意度，20—39 岁的女性对于生活的满意度并不低，但 40—59 岁的女性对于生活的满意度极低。此外，以 40 岁为分界线，在 40 岁以下的年龄段中，未婚的人是主流；在 40 岁及以上的年龄段中，离婚或丧偶的人是主流；在 60 岁及以上的年龄段中，基本是离婚或丧偶者。

下层阶级的内部结构是不是就这样逐渐清晰了呢？在下层阶级中，人的性格会因性别和年龄的不同而有所差别。在年龄上，60 岁被认为是分界线。如果将性别和年龄组合起来，那么，下层阶级可以分为 4 种类型。

3. 下层阶级的四种类型

表 3-2 展示了将下层阶级按照性别和年龄划分为四种类型后各自的特征。

表 3-2 下层阶级的四种类型

调查人数和内容		60 岁以下男性（青年和中年下层阶级男性）	60 岁以下女性（青年和中年下层阶级女性）	60 岁及以上男性（高龄下层阶级男性）	60 岁及以上女性（高龄下层阶级女性）
2015 年 SMM 调查中的样本数 / 人		152	187	242	78
下层阶级中的构成比 /%		23.1	28.4	36.7	11.8
学历	初中毕业 /%	11.2	6.4	22.3	37.2
	高中毕业 /%	60.5	66.3	56.2	55.1
	大学毕业 /%	28.3	27.3	21.5	7.7
每周平均工作时间 / 小时		38.3	34.6	31.0	24.2

续表

调查人数和内容		60岁以下男性（青年和中年下层阶级男性）	60岁以下女性（青年和中年下层阶级女性）	60岁及以上男性（高龄下层阶级男性）	60岁及以上女性（高龄下层阶级女性）
工作种类	事务/%	9.2	24.6	17.4	17.9
	销售/%	11.8	23.5	7.4	5.1
	服务/%	16.4	25.7	7.0	39.7
	保安/%	3.3	0.5	7.4	0
	农林渔业/%	1.3	0.5	4.5	1.3
	熟练工种/%	57.9	25.1	56.2	35.9
配偶关系	未婚/%	66.4	56.1	5.0	9.0
	有配偶/%	25.7	0	86.0	0
	离婚或丧偶/%	7.9	43.9	9.1	91.0

续表

调查人数和内容		60岁以下男性（青年和中年下层阶级男性）	60岁以下女性（青年和中年下层阶级女性）	60岁及以上男性（高龄下层阶级男性）	60岁及以上女性（高龄下层阶级女性）
经济状况	个人年收入/万日元	213	164	293	193
	家庭年收入/万日元	384	303	459	312
	贫困率/%	28.6	48.5	17.1	24.0
	零金融资产家庭所占比例/%	42.5	41.7	17.1	30.6
	养老金领取率/%	0.7	6.6	77.3	85.3
对于工作内容感到满意/%		18.4	32.8	42.3	49.4
对于工作收入感到满意/%		5.9	10.2	20.9	31.2

续表

调查人数和内容	60岁以下男性（青年和中年下层阶级男性）	60岁以下女性（青年和中年下层阶级女性）	60岁及以上男性（高龄下层阶级男性）	60岁及以上女性（高龄下层阶级女性）
对于生活感到满意 /%	13.8	22.5	30.2	32.1
"下层"意识 /%	55.0	35.3	26.1	32.9

资料来源：作者依据2015年SSM调查数据计算得出。20—79岁。

注："对于工作内容感到满意""对于工作收入感到满意""对于生活感到满意"表示的是选择了"满意"的人。"下层"意识表示的是在"上""中上""中下""下层上游""下层下游"中选择了"下层上游"和"下层下游"的人。

60岁以下的男性下层阶级（青年和中年下层阶级男性）

正如我在第一章中所说的那样，在日本，20世纪80年代后期，下层阶级开始增多。在这一时期之后成为下层阶级的59岁以下男性是下层阶级的核心部分。他们也是对生活感到最不满意的群体。

第三章 现代日本的下层阶级

在这一群体中,上过大学的人占28.3%,但是因为当时的男性平均本科率超过了四成,所以28.3%这一数值并不算高。他们每周平均工作时间是38.3小时,接近40小时。从工作种类来看,熟练工种的占比接近60%,紧接着是服务岗位(16.4%)和销售岗位(11.8%),事务岗位(9.2%)较少。从具体的工作种类来看,销售员(17人)最多,其次是仓库管理员和码头装卸工(10人)、劳务搬运工(8人)、汽车搬运工(7人)、清洁工(7人)、厨师(6人)、服务员(5人)、娱乐场所等的接客员(5人)、其他运输从业者(5人)、电器机器组装工和修理工(5人)、护理人员和保姆(5人)等。他们作为非正式员工,在底层支撑着人们的生活和企业的运转。

最引人注目的是,他们的未婚率很高,达到了66.4%。如表3-1所示,在50—59岁这一年龄段中,有配偶者占50%,与这一群体的整体特征有些不同。但在40岁以下的人之中,大部分人成了到50岁还没有结过婚的"一生未婚者"。顺便说一下,从职业经历来看,在他们初次就职时,就已经有43.4%的人属于下层阶级了。

他们的个人年收入很少，只有213万日元，家庭年收入也只有384万日元，贫困率高达28.6%。完全没有金融资产（存款或股票）的家庭比例达到了42.5%。

对工作内容感到满意的人占18.4%，这一比例即使在下层阶级中也非常低。至于对工作收入感到满意的人，他们所占的比例只有5.9%。对于生活感到满意的人占比也只有13.8%。有55%的人认为自己在日本社会中处于"下层"位置。无论是从实际情况来看，还是从他们的潜意识来看，可以说60岁以下的男性下层阶级这一群体处于日本男性的最下层。

60岁以下的女性下层阶级（青年和中年下层阶级女性）

与青年和中年下层阶级男性相同，这一类型的女性由20世纪80年代之后成为下层阶级的女性以及经历离婚或丧偶后成为下层阶级的女性组成。即便在下层阶级中，她们也是最贫困的群体。

在她们之中，上过大学的人所占的比例基本上与60岁以下男性相同，但是初中毕业的比例比60岁以下男性稍微低一些。她们的每周平均工作时间为34.6小时，与上述60岁以下男性相比有所减少。从工作种类来看，服务岗位（25.7%）、熟练工种（25.1%）以及事务岗位（24.6%）较多。除此之外，如果再加上销售岗位（23.5%）的话，比例几乎达到了100%。也就是说，60岁以下的女性下层阶级所从事的岗位基本上就是这4种。

其中的未婚者居多，占56.1%；离婚或丧偶者的比例也达到了43.9%。虽然在表3-2中没有显示，但在60岁以下的女性下层阶级中，有40.1%的人和孩子生活在一起，这个比例在离婚者中是83.1%，在丧偶者中是76.5%，在未婚者中也有7.6%的人和孩子生活在一起。综上所述，这一群体的最大特征就是有许多单亲妈妈。

此外，她们的个人收入很低，只有164万日元。家庭年收入也只有303万日元。贫困率高达48.5%。没有金融资产的家庭占41.7%。很明显，这一群体的经济情况比60岁以下男性群体还要严峻。

即便如此，在她们之中，对于工作内容感到满意的人占

32.8%，对生活感到满意的人占 22.5%，她们的这两项比例比 60 岁以下男性的高。此外，在她们之中拥有"下层"意识的人并不算多，占 35.3%。原因可能是与自己的孩子生活在一起，她们便有了生活的动力；也可能是与经常因为没有"像样的"收入而感到巨大负担的男性下层阶级不同，她们本身对于自己就没有过高的要求。关于这一点，我将在第五章中进行说明。

60 岁及以上的男性下层阶级（高龄下层阶级男性）

虽然将 60 岁及以上的人称为"高龄者"可能与现代日本这种超高龄社会并不相称，但我还是决定使用这种方便的称呼。在 60 岁及以上的男性下层阶级中，实际上包含了一部分在下层阶级中经济状况相对较好、无法被称为下层阶级的高龄男性，所以，这一群体是一种混合的群体类型。它的构成比是 36.7%，样本数很多，有 242 人。[2]

在 60 岁及以上的男性下层阶级中，上过大学的人占 21.5%，这个比例不算高。初中毕业生占 22.3%，可以说是一个较高的比例。他们的每周平均工作时间较短，为 31.0

小时，40小时以上的占比是36.7%。从工作种类来看，熟练工种占56.2%，将近六成；事务岗位占17.4%，比60岁以下男性高出许多。86.0%的人有配偶，未婚者只占5.0%，这一点是与60岁以下男性差别最大的地方。

虽然工作时间较短，但是他们的个人年收入有293万日元，比60岁以下男性下层阶级高出许多。家庭年收入高达459万日元。这是因为在60岁及以上的男性中，有77.3%的人可以领取养老金。因此，这一群体的贫困率只有17.1%，在4个群体类型中最低。零金融资产家庭所占比例只有17.1%。

在他们之中，对工作感到满意的人达到了42.3%，对生活感到满意的人也多达30.2%。此外，拥有"下层"意识的人占26.1%，与表1-2中所显示的劳动者阶级的平均值相差不大，这一点也许很让人意外，但这一群体的人确实几乎没有什么"下层"意识。关于这一点，我将在第六章中进行详细说明。

从这一群体最初就职时所属的阶级来看，有73.5%是正式员工，16.0%是新中产阶级，下层阶级只占4.2%。在这一点上，他们与60岁以下的男性有很大不同。此外，即便从他们50岁时所属的阶级来看，也有45.8%的人是正式员工，33.3%的人是新中产阶级，下层阶级只占8.3%（其余的是资本家阶级、旧中产阶级和无业者）。因此，这一群体中包含了许多退休后以非正式员工身份再次参加工作的人。

但是，他们的贫困率是17.1%，虽说低于其他群体，但是对有职业的他们来说，这一贫困率并不算低。那么，是谁陷入了贫困状态之中呢？其中的决定性因素是企业规模。从他们最初入职时的企业分别来看他们的贫困率，可以发现如下事实。曾经在员工数少于100人的私营企业或小微企业工作的人，现在的贫困率达到了28.8%；与此相对，曾经在超过100人的大中型企业中工作的人，现在的贫困率是12.0%；曾经在政府机关工作的人，现在的贫困率是7.7%。总而言之，这一群体由两种类型的人组成，他们分别是：在拥有一定规模的企业或政府机关中就职，退休后可以领取高额养老金，过着稳定生活的人；以及长年在中小企业工作，却没有攒下什么积蓄，退休后仍要为了生活而继续工作的人。我们可以把后者看作下层阶级，但前者的性质可能会（与下层阶级）有些不同。关于这一点，我将在第六章中继续论述。

60岁及以上的女性下层阶级（高龄下层阶级女性）

这一群体由60岁及以上仍然在以非正式员工身份工作的高龄女性组成。

与其他下层阶级相比，她们的学历明显低很多，初中毕业的人占了将近四成，大学毕业的人只有7.7%。她们每周平均工作时间很少，只有24.2小时，每周工作40小时以上的人只有18.1%。从工作种类来看，服务岗位最多，占39.7%；其次是熟练工种。从具体的工作种类来看，有厨师（10人）、服务员（10人）、清洁工（10人）、护理人员和保姆（7人）等。确实，我们平时能经常在这些职业中看到高龄女性的身影。

关于配偶关系，她们的离婚率是35.9%，丧偶率是55.1%，两者合计超过了九成。此外，未婚者占9.0%。

虽然这一群体的劳动时间较短，但她们的个人年收入是193万日元，高于60岁以下的女性群体。这是因为她们之中的大部分人可以领取养老金。此外，她们的家庭年收入虽然只有312万日元，但贫困率只有24.0%。这是因为她们之中有很多人是自己一个人生活。此外，她们之中还有一部分人是和已经在经济上独立的孩子生活在一起，这也在一定程度上降低了她们的贫困率。

在她们之中，对于工作感到满意的人较多，占49.4%，这可能是因为她们的工作时间较短。对于工作收入感到满意的人也高达31.2%，这可能是因为她们工作的收入可以用来填补养老金的不足。对于生活感到满意的人也很多，占32.1%。所以，从主观上可以认为她们过着幸福的老年生活。这可能是因为她们和60岁以下的女性下层阶级相同，原本就对自己没有过高的要求。

但是，更细致一点来看的话，在她们之中，虽然离婚或丧偶者对于生活的满意度并不低，但是未婚者对于生活的满意度较低。此外，与家人共同居住的人对于生活的满意度较高。由此可以看出，对于生活满意度的高低与她们成为下层阶级的经历和是否与家人同住有关。对此，我将在第六章中进行详细说明。

第三章　现代日本的下层阶级

如上所述，虽然下层阶级的内部存在着共通之处（例如，都是非正式员工、当下的年收入很少等），但是，下层阶级是由性质上差别很大的人共同组成的。

首先，下层阶级的内部存在源于年代的差别。除兼职主妇之外的非正式员工数量开始增加，发生在20世纪80年代后期。这一时期从学校毕业后走上社会的青年，现在已经有50多岁了。在他们上一代人中，一般情况下，至少对男性来说，作为正式员工就职是理所当然的事情，一旦就职就会一直干下去，即使之后换工作，也会继续作为正式员工工作。因此，即使他们现在作为非正式员工在工作，但他们的经济基础并不一定薄弱。但是，在这之后的一代人中，这个模式已经不复存在，成为下层阶级的青年不断增多。

其次，下层阶级的内部存在源于性别的差别。在日本，一般来说，女性的工资会低于男性。虽然在非正式雇用的情况下，男性和女性之间的工资差距不会像正式雇用那样很大，但是在大多数情况下，女性的工资都很低。因此，女性的收入少、贫困率高，特别是60岁以下的女性群体贫困率极高。此外，与男性不同，在女性群体中，会出现这样一种情况，即结婚后成为专业主妇或兼职主妇的女性在经历离婚或丧偶后，成了下层阶级的一员。这也是在青年和中年下层阶级女性中有很多生活困难的人的原因之一。

由于年代而产生的差别可能具备过渡性质。不久之后，等如今50岁以下的人（从他们年轻时开始，成为下层阶级就已经是一件十分普遍的事）到了60岁以后，上述所讲的60岁以下下层阶级和60岁及以上下层阶级之间的差别也许就会逐渐缩小。这时，从年轻时就是下层阶级的人与离婚或丧偶的女性，以及退休后为了填补微薄的养老金收入而成为非正式员工的人，就此在下层阶级中汇合。到那时，日本的下层阶级应该就会展现出它的全貌。

在之后的章节中，我将以下层阶级的4种类型为中心，在揭开如今下层阶级全貌的同时，还将对今后下层阶级的情况进行预测和思考。

注：

1.指从事机器清扫、容器清洗、割草等烦琐、零碎工作的人。

2. 从 2012 年的就业结构基本调查汇总表可以看出，在 20—79 岁的下层阶级中，60 岁及以上人口所占比例为 40.6%。也就是说，在下层阶级中，60 岁以下和 60 岁及以上的比约为 6∶4。在 2015 年的 SSM 调查中，两者的比变成了 4∶6。在我看来，这是因为在没有回答问卷的非正式员工中，有许多生活极度不规律或生活非常辛苦的人，所以，上述调查的结果可能会过高地评价了下层阶级的生活状态，因此，大家需要注意这一点。

第四章

绝望国家中绝望的人——青年和中年下层阶级男性的现实

在本章中，我将以 20—59 岁的下层阶级男性（青年和中年下层阶级男性）为中心，去描绘他们真实的模样。因为这一群体可以说是下层阶级的核心部分，所以我想将其与其他阶级或群体进行比较，全面地了解他们的实际情况。

但是，我想首先针对有关这一群体中青年的一种言论进行讨论。那就是"虽然雇用情况在逐渐恶化，但现在的青年仍对生活感到满意和幸福"。这是真的吗？数据明确显示，这一群体中青年的状态与"幸福"一词相去甚远，相反，他们正濒临绝望。

1. 幸福的青年在哪里

2011 年，《绝望国度里的幸福青年》一书广受好评。该书的作者是青年社会学者古市宪寿。这本书针对青年和青年论进行了历史性研究，其中包含许多学术内容。该书作者的中心主张如下所述。

2005年前后，网吧难民、因非正式雇用而生活不稳定的青年增多，"不幸福的青年""可怜的青年"在诸多媒体中备受讨论。但是，在现实中，日本现在的青年却对自己的处境感到"幸福"。古市宪寿所列举的依据如图4-1所示。

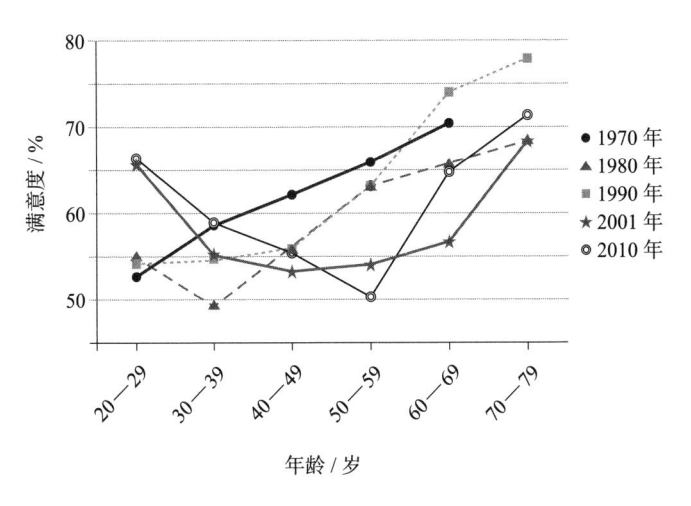

图4-1 从年代来看生活满意度的变化趋势（男性）

资料来源：古市宪寿《绝望国度里的幸福青年》（讲谈社）。

注：原始资料是内阁府的《关于国民生活的民意调查》。图中显示的是"满意"和"比较满意"的合计值。

让我们先从古老的数字开始看吧。20世纪70年代，对生活感到满意的人所占的比例，在20—29岁的青年中较低，之后随着年龄的增长逐渐增加。到了20世纪80年代和90年代，这一变化趋势也基本上没有发生改变。但是，到了2001年，对生活感到满意的青年大幅增多。相反，在40—59岁这一年龄段中，比例却有所下降，变化趋势呈U形曲线。到了2010年，依然基本保持着这一变化趋势。

但是，古市宪寿并不认为因为青年对生活感到满意，所以维持现状就可以了。因为有数据显示，青年对社会整体感到不满，并且对自己的将来感到不安。

青年对生活感到满意，并拥有幸福感，但其对社会的满意度却很低，并对将来感到不安。那么，在青年中为什么会出现这种矛盾的情况呢？古市宪寿在这里引用了社会学家大泽真幸的观点。

实际上，大泽真幸在古市宪寿写这本书之前的几个月，发表了日本广播协会（NHK）广播文化研究所从1973年开始实行的意识调查的结果，以及内阁府的调查结果，并提出了与古市宪寿完全相同的观点。

第四章 绝望国家中绝望的人——青年和中年下层阶级男性的现实

回答"自己很幸福"是不幸福的表现吗

大泽真幸认为,现代社会存在许多困难,但这些困难所产生的负面影响主要是青年一代在背负着。因为经济不景气而感到为难的并不是已经工作了的中老年人,而是青年;因为将来的养老金政策而感到为难的也是青年一代;同样,受到地球环境恶化影响的,还是青年一代。如果这样来想的话,当然,青年一代的幸福感会降低。但是,现实是不同的。大泽真幸所展示的内容如图4-2所示。1973年,在青年阶层,尤其是在青年男性之中,对于生活感到满意的人所占比例很低,之后随着年龄的增长而有所增加。但是,到了2008年,在青年阶层,尤其是在青年男性之中,回答"满意"的人所占比例大幅增加。由此,大泽真幸认为,在青年之中,尤其是在青年男性之中,他们的幸福率实现了"飞跃般的提升"。

但是,在大泽真幸看来,青年回答"自己很幸福"实际上很可能是他们不幸福的表现。"对于现在的生活感到满意吗""你现在幸福吗",这类问题并没有针对具体的事情进行

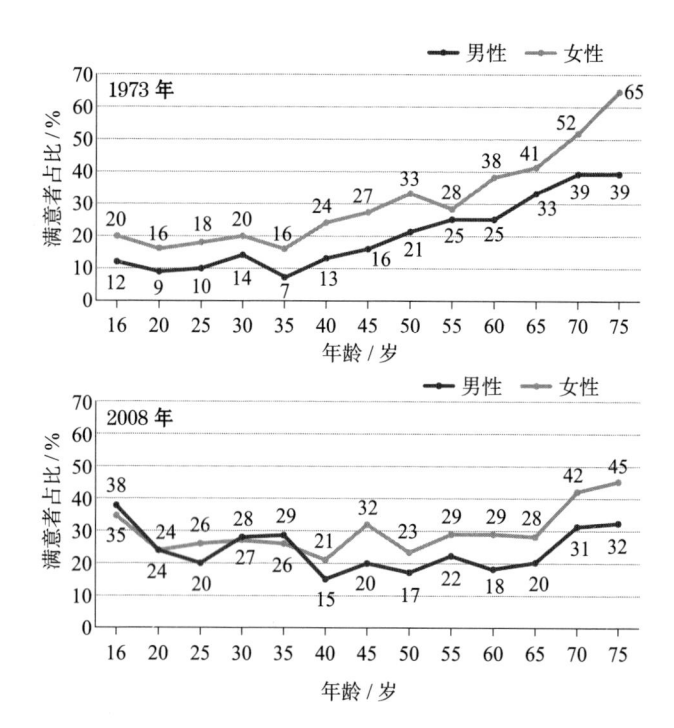

图 4-2 1973 年和 2008 年日本人"对于生活整体的满意度"

资料来源：大泽真幸《回答"幸福"的青年的时代》。

注：原始资料是日本广播协会广播文化研究所《"日本人的意识"调查》。

询问，而是针对人生的整体进行了询问。因此，基本上回答者很难回答说"不满意""不幸福"。这是因为一旦回答了"不满意""不幸福"，就相当于否定了自己的人生。那么，能回

第四章 绝望国家中绝望的人——青年和中年下层阶级男性的现实

答"不满意""不幸福"的人是什么样的人呢？大泽真幸认为，他们是这样的一群人：虽然现在觉得自己"不幸福""状态不好"，但相信将来会比现在幸福。这样的话，即使现在回答了"不满意""不幸福"，也不等于否定了自己的人生。与此相对，当无法认为自己将来会比现在幸福时，人们就只能回答"现在的生活是幸福的"。在时光所剩无几的老年人中，有许多人回答"满意""幸福"的原因也在于此。因为自己没有足够多的将来，所以无法设想将来的自己会比现在幸福。这时，他们就会认为自己现在是幸福的。同样，现在的青年之所以回答自己是幸福的，也是因为无法想象将来会比现在幸福，不是吗？总而言之，回答"幸福"就是现在不幸福的一种表现。这就是大泽真幸的观点。(《可能的革命》)

受到大泽真幸观点的影响，古市宪寿得出了如下结论。

现在的青年已经无法单纯地相信"明天会比今天更好"了。在他们面前呈现的是"看不到未来的日常"。正因为如此，他们才会说出"现在是幸福的"。总而言之，当人们对未来不抱有"希望"时，就可以变得幸福。(《绝望国度里的幸福青年》)

数据显示，青年男性感到不幸福

现代日本的青年真的认为自己幸福吗？

在探讨这一点之前，我想先指出古市宪寿和大泽真幸的观点中共同存在的问题。那就是，回答"对自己的生活感到满意"的青年也许真的认为"自己是幸福的"，但是，古市宪寿将回答"比较满意"的人也算入了回答"幸福"的人之中，这种做法真的合理吗？

图4-3是依据2015年SSM调查得到的数据，将对生活感到满意的人所占的比例和认为自己幸福的人所占的比例分别按照年龄和性别进行了统计。在前文中，图3-3只展示了"满意"的比例，在这里，我按照古市宪寿的做法，将回答"满意"和"比较满意"的人都归到"满意"之中。

确实，在青年中，有很多人回答"对自己的生活感到满意"，尤其是女性。但因为每个年龄段的女性对自己生活的满意度都很高，所以很难说青年女性的满意度格外高。与此相对，在男性中，20—29岁这一年龄段的满意度高达76.9%，但是因为这个比例与其他年龄段的差距为3.7%—

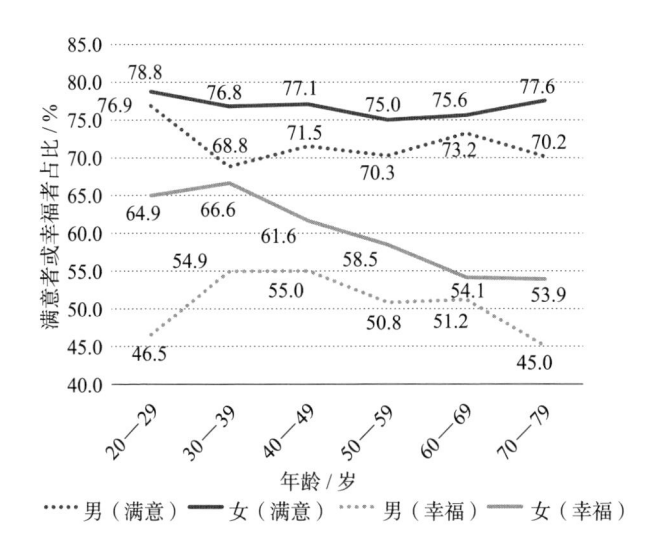

第四章　绝望国家中绝望的人——青年和中年下层阶级男性的现实

图 4-3　从性别和年龄来看生活满意度和幸福感

资料来源：作者依据 2015 年 SSM 调查数据计算得出。

注："满意"是"满意"和"比较满意"的合计值。"幸福"是 0—10 分（满分为 10 分）中，7 分以上的人所占的比例。

8.1%，所以，这一年龄段的男性满意度实际上也并没有比其他年龄段的男性高出很多。此外，虽然老年人对生活的满意度并不比其他年龄段高，但一直保持在一个较高水准。

但是，关于幸福感的情况却完全不同。首先，无论男女，老年人的幸福感并不高。在女性中，认为自己幸福的人所占的比例在 30—39 岁这一年龄段达到了巅峰值，之后便一直下降。男性则在30—39岁和40—49岁达到了巅峰值,之后也开始下降。因此,大泽真幸所说的"老年人因为自己的人生所剩无几,所以觉得自己现在是幸福的"这种观点实际上与事实完全相反。那么,20—29岁的人是什么情况呢?在女性中,20—29岁的人与30—39岁的人差不多,有64.9%的人认为自己是幸福的,所以她们的幸福感可以说是很高的。但是,在20—29岁的男性中,只有46.5%认为自己是幸福的,这一比例与70—79岁的老年男性相差无几,可以说这两个年龄段的男性幸福感是最低的。因此,我们反而可以得出这样的结论:青年男性很不幸福。

在古市宪寿和大泽真幸的观点中,还存在一个问题。那就是他们没有考虑青年所属的阶级。因为他们俩并未亲自分析数据,所以可能也没办法去考虑,但这是一个很大的问题。因为原本古市宪寿和大泽真幸的观点成立的前提就是雇用环境的恶化和"就业难"导致青年的处境不断恶化。所以,必须弄清处境恶化的本人(即下层阶级中的青年)是否幸福。对此,我想以古市宪寿和大泽真幸主要关注的下层阶级男性为中心展开讨论和研究。

第四章 绝望国家中绝望的人——青年和中年下层阶级男性的现实

2. 因不幸福和绝望而产生抑郁倾向

无法相信"明天会比今天更好"的下层阶级男性是否真的如古市宪寿所说,认为"现在是幸福的"呢?很显然,答案是否定的。与其说是"幸福",倒不如说是"不幸福"。关于这一点,看图4-4便一目了然。

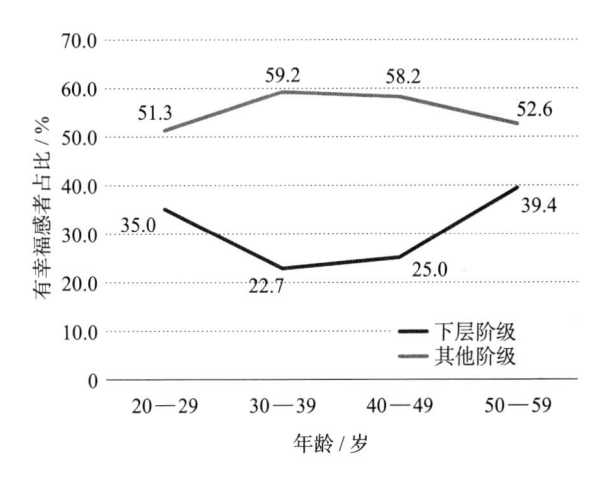

图4-4 下层阶级男性和其他阶级男性的幸福感

资料来源:作者依据2015年SSM调查数据计算得出。

注:图中显示的是以10分为满分的幸福感调查中,7分以上的人所占的比例。

在下层阶级的男性中，在20—29岁这一年龄段中，认为自己幸福的人只占35.0%；在30—39岁这一年龄段中，这一比例更低，只有22.7%。与此相对，在其他阶级的男性中，在20—29岁这一年龄段中，有51.3%的人认为自己是幸福的；在30—39岁这一年龄段中，这一比例达到了59.2%。在20—29岁这一年龄段中，下层阶级与其他阶级之间的差距较小；到了30—39岁，差距则扩大了很多。这可能是因为对于20—29岁的下层阶级男性来说，他们未来会有脱离下层阶级、进入其他阶级的可能性。与此相对，当到了30—39岁这一年龄段后，可能性降低了。下层阶级的男性到了40—49岁这一年龄段，幸福感依旧很低，只有25.0%人认为自己是幸福的；在50—59岁时有所回升，达到了39.4%。但在50—59岁其他阶级的男性中，这一比例达到了52.6%，所以说，下层阶级与其他阶级之间仍然存在着很大差距。

青年下层阶级男性存在抑郁倾向

关于青年下层阶级男性的实际状态，从他们的抑郁倾向来看会格外清楚。

第四章 绝望国家中绝望的人——青年和中年下层阶级男性的现实

2015 年的 SSM 调查和 2016 年的首都圈调查将名为 K6 的抑郁倾向测试加入到了设问之中。K6 抑郁倾向测试由"感到焦躁""感到绝望""感到心神不宁""意志消沉,无论做什么都无法使心情变好""无论做什么都提不起劲""觉得自己是一无是处的人"这 6 项内容组成,需要回答者在"总是""经常""有时""只有一点儿""完全没有"这 5 个选项中做出选择。这 6 项内容根据回答者选择的不同,每项分值从 0 分到 4 分不等,合计之后满分为 24 分。如果回答者的得分超过 9 分,则会被认为很可能有抑郁症或焦虑障碍。

图 4-5 对下层阶级和其他阶级中得分超过 9 分的人所占比例进行了比较。在青年中,得分超过 9 分的人占比较高,且下层阶级和其他阶级之间的差距十分明显。在 20—29 岁这一年龄段中,在下层阶级男性中,有 42.5% 的人得分超过 9 分;然而,在其他阶级中,只有 28.7% 的人得分超过 9 分。得分超过 9 分的人所占比例随着年龄增加而有所降低,但是,即使到了 50—59 岁这一年龄段,下层阶级和其他阶级之间的差距也依然存在。

与其他年龄段的人相比,青年的抑郁倾向更强。"感到

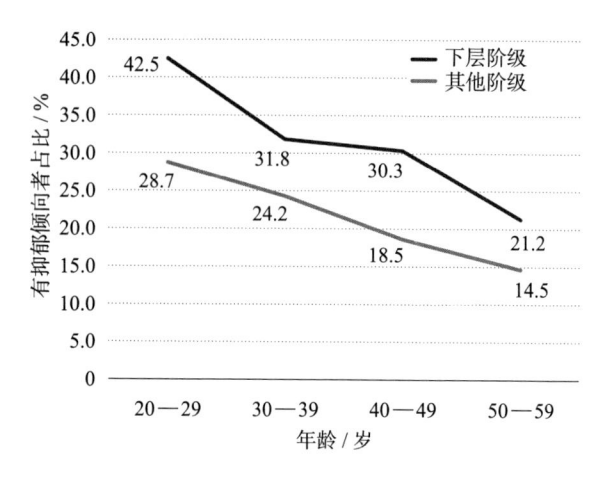

图 4-5　下层阶级男性和其他阶级男性的抑郁倾向

资料来源：作者依据 2015 年 SSM 调查数据计算得出。

注：图中显示的是 K6 得分超过 9 分的人所占的比例。

绝望""意志消沉，无论做什么都无法使心情变好""觉得自己是一无是处的人"，有这些感受的青年数量都多于其他年龄段的人。虽然其中可能也受青年特有的早熟和多愁善感等因素影响，但并不仅仅如此。阶级导致的差距始终存在。比起其他阶级的青年，因就业环境恶化而成为下层阶级的青年生活得更为辛苦。

图 4-6 更加清楚地展现了青年下层阶级男性的辛苦。

第四章 绝望国家中绝望的人——青年和中年下层阶级男性的现实

（1）曾感到过绝望

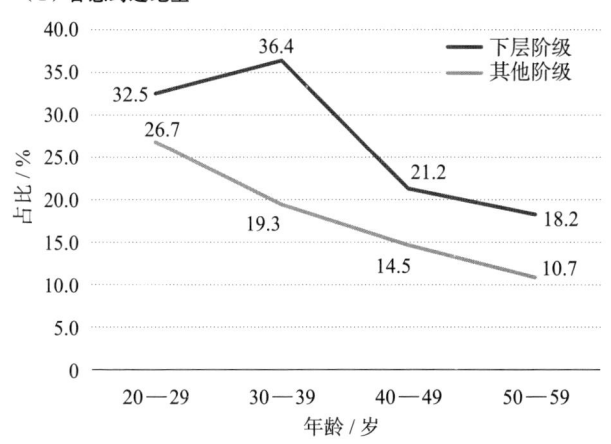

下层阶级：20—29岁 32.5；30—39岁 36.4；40—49岁 21.2；50—59岁 18.2
其他阶级：20—29岁 26.7；30—39岁 19.3；40—49岁 14.5；50—59岁 10.7

（2）曾意志消沉，无论做什么都无法使心情变好

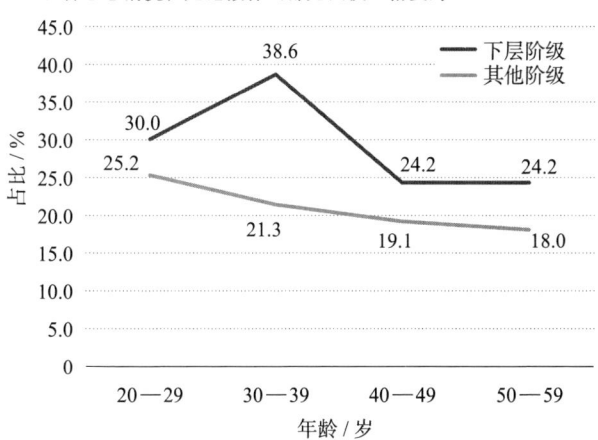

下层阶级：20—29岁 30.0；30—39岁 38.6；40—49岁 24.2；50—59岁 24.2
其他阶级：20—29岁 25.2；30—39岁 21.3；40—49岁 19.1；50—59岁 18.0

图 4-6 下层阶级和其他阶级的抑郁倾向（从不同选项来看，男性，20—59岁）

资料来源：作者依据 2015 年 SSM 调查数据计算得出的。

注：图中显示的是回答"总是""经常""有时"的合计值。

在其他阶级中,"曾感到绝望"的男性比例在20—29岁这一年龄段中最高,达到了26.7%,之后随着年龄的增加而逐渐降低。在30—39岁这一年龄段中,"曾感到绝望"的男性比例是19.3%;在49岁之后停留在10%左右。与此相对,在下层阶级中,在20—29岁这一年龄段中,"曾感到绝望"的男性比例是32.5%;在30—39岁这一年龄段中,比例达到了36.4%。对于逐渐变得不可能脱离下层阶级的30—39岁男性群体来说,绝望就在他们身边。在40岁及以上的年龄段中,"曾感到绝望"的男性比例有所下降,但是与其他阶级之间的差距依旧存在。

"曾意志消沉,无论做什么都无法使心情变好"的变化趋势与上述"曾感到绝望"的变化趋势相同。在其他阶级中,该选项在20—29岁这一年龄段中所占的比例是25.2%;之后缓慢降低。与此相对,在下层阶级中,该选项在20—29岁这一年龄段中所占的比例是30.0%,与其他阶级之间的差距并不大。但是,在30—39岁这一年龄段中,这一比例上升到了38.6%。由此可以明显地看出30—39岁下层阶级男性的精神状态十分令人担忧。

可以说,下层阶级的男性,尤其是20—39岁的青年男

第四章 绝望国家中绝望的人——青年和中年下层阶级男性的现实

性,他们在精神上几乎被逼入了绝境。那些饱受恶劣就业环境折磨的青年下层阶级男性几乎濒临绝望。

下层阶级危险的精神状态到了需要进行医学治疗的程度。图 4-7 展示了不同阶级中"曾接受过抑郁症或其他心理疾病的诊断或治疗"的人所占的比例。在下层阶级中,有 20.8% 的人曾有过这种经历。图 4-7 中没有显示的是,如果只统计 20—29 岁的男性,这一比例竟然高达 44.4%。与此相对,在其他阶级中,这一比例只有 5%—9%。下层阶级与其他阶级之间的差距十分明显。

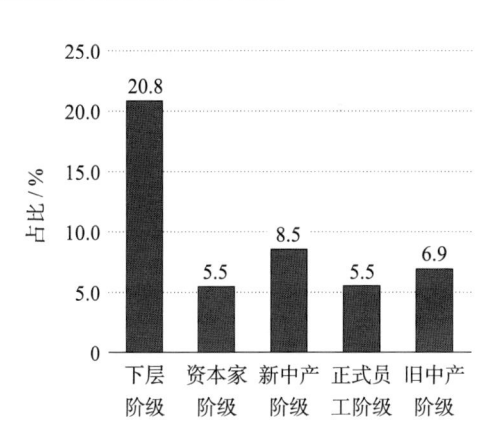

图 4-7 曾接受过抑郁症或其他心理疾病的诊断或治疗的人占比（男性 20—59 岁）

资料来源:作者依据 2016 年首都圈调查数据计算得出。

3. 无法享受企业的恩惠

在此之前,为了呈现出青年下层阶级男性的不幸与绝望,我从不同年龄段对他们进行了分析。从本节开始,我想将目光转向全体青年和中年下层阶级男性。作为比较对象的是同样身为被雇用者的男性新中产阶级和男性正式员工。

图4-8反映了身为被雇用者的三个群体分别在什么样的职场、什么样的处境中工作。

从整体来看,"能发挥自己的能力""能活用自己的经验"的人所占的比例并不高。在这三个群体中,即便是占比最高的新中产阶级,也只有三成左右。实际上,这个比例在资本家阶级中达到了五成左右,在旧中产阶级中达到了六成。果然,被雇用者听从雇主的命令工作是最基本的事情,所以能力或经验的发挥只能被迫成为次要的事情。

虽说如此,这三个群体之间的差距并不小。在新中产阶级中,"能发挥自己的能力"的人占29.2%。与之相对,在下层阶级中,这一比例只有16.8%。此外,在新中产阶级中,有32.2%的人"能活用自己的经验",但在下层阶级中,

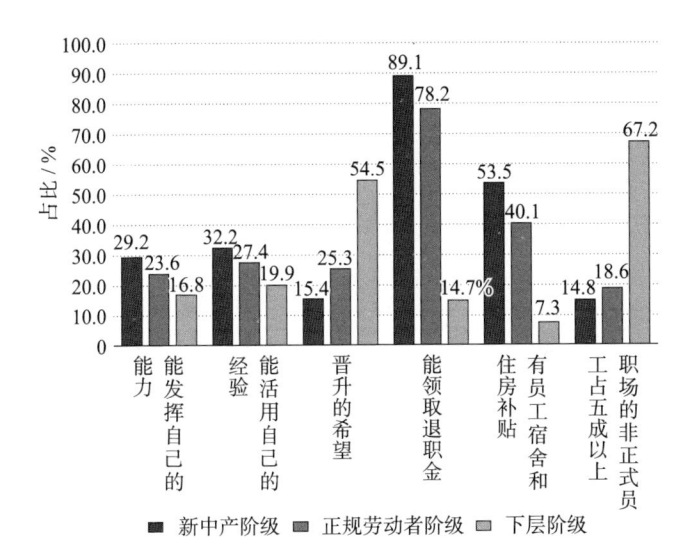

第四章 绝望国家中绝望的人——青年和中年下层阶级男性的现实

图 4-8　被雇用者工作的世界（男性，20—59 岁）

资料来源：作者依据 2015 年 SSM 调查数据计算得出。

注：图中"能发挥自己的能力""能活用自己的经验"这两项中展示的是"非常符合"的比例，其中不包括选择"比较符合"的人。"晋升的希望"是指晋升的可能性，在"极有可能""比较可能""不确定""基本没有可能""没有可能""现在已经是最高职位"这 6 个选项中，选择了"没有可能"的人所占的比例。

只有 19.9% 的人"能活用自己的经验"。"靠听从命令完成的简单工作"这种工作内容本身的下层性在这里体现得淋漓尽致。

在下层阶级中，被雇用者看不到晋升的希望。关于晋升的可能性，在新中产阶级中，回答"没有可能"的人占15.4%，在正规劳动者阶级中，这一比例为25.3%，在下层阶级中，占比则超过了五成，达到了54.5%。顺便说一下，在下层阶级中，回答"很有可能"的人占2.2%，回答"也许有可能"的人占9.0%。当然，由于这是非正式员工的晋升，所以即使能晋升，其晋升的空间也十分有限。

日本企业的惯例并不通用

在社会大众的普遍印象中，日本企业为推动长期雇用制定了一系列制度。其中，年功序列制（工资随着工作年份上涨）是这些制度的核心。除此之外，还有各种各样的制度，其中具有代表性的就是退职金和福利待遇。许多大企业在第二次世界大战前就已经引入了退职金制度，退职金会随着工作年份的累积而增加。因此，对企业员工来说，最合理的工作方式就是一直工作到退休。

但是，在第二次世界大战前，职员和工人的退职金金额存在很大差别。也就是说，新中产阶级的退职金多，劳

第四章 绝望国家中绝望的人——青年和中年下层阶级男性的现实

动者阶级的退职金少。例如，在三菱长崎造船厂工作25年后的退职金，对于社员（高等院校毕业的干部职员）来说是190个月的工资；对于准社员（中等院校毕业的事务员）来说是65个月的工资。与此相对，普通职工的退职金只有610天的工资（野村正实《日本的雇用惯例》）。但是，由于第二次世界大战后的企业民主化运动，职员和工人的退职金收入差距在不断缩小。但是，由于职员和工人的基本月工资不同，所以，他们之间的退职金收入差距不可能完全被消除，但就支付的月数而言，职员的和工人的基本相同。

但是，非正式员工则另当别论。回答"能领取退职金"的人所占的比例在新中产阶级中是89.1%，在正规劳动者阶级中是78.2%，但是在下层阶级中却只有14.7%。由此可见，下层阶级绝大多数人基本上与退职金无缘。

在福利待遇中，金额较大、能给平时的家庭收支带来巨大影响的是与住宅相关的福利待遇。比如，提供员工宿舍、发放住房补贴等。回答"有员工宿舍和住房补贴"的人在新中产阶级中占53.5%，在正规劳动者阶级中占40.1%，与此相对，在下层阶级中，仅占7.3%。下层阶级几乎完全被正式员工制度排除在外。

实际上，下层阶级大多是从正规劳动者阶级的队伍中剔除出来的。在自己所工作的职场中，有多少人不是正式员工呢？对此，回答"职场的非正式员工占五成以上"的，在下层阶级中有67.2%，在新中产阶级中有14.8%，在正规劳动者阶级中则有18.6%。由此可知，下层阶级在有很多下层阶级、与大部分正规劳动者阶级不同的职场中工作。顺便说一下，这一比例在销售岗位的下层阶级男性中甚至达到了93.3%，他们仿佛是居住在另一个世界的人。

4. 艰辛的成长经历和对学校教育的排斥

在下层阶级中，有许多人在不好的家庭环境中长大。当然，并不是所有下层阶级的人都是这种情况。但是，这一比例确实很高，这是无可争辩的事实（图4-9）。

当被问到15岁时的家庭情况时，下层阶级男性中有17.8%的人回答"贫困"。此外，不同家庭中的文化环境也

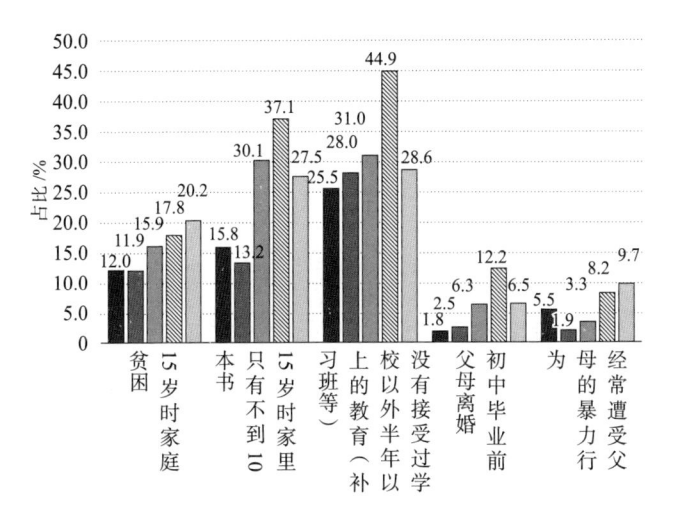

第四章　绝望国家中绝望的人——青年和中年下层阶级男性的现实

图 4-9　原生家庭的差异（男性，20—59 岁）

资料来源：作者依据 2016 年首都圈调查数据计算得出。

注："15 岁时家庭贫困"是"贫困"和"比较贫困"的合计。

不同。迄今为止的许多研究表明，家庭的文化环境会对孩子的教育产生巨大影响。2015 年 SSM 调查将"家里大约有几本书（不包括杂志、教科书、漫画等）"作为考察家庭文化环境的指标，对受访者进行了调查。结果显示，在下层阶级中，回答"10 本以下"的人最多，占 37.1%；在新中产阶级中，回答"10本以下"的人与预期一样少，仅占13.2%；在正规劳动者阶级中，回答"10本以下"的人占30.1%；在旧中产阶级中，回答"10本以下"的人占27.5%。

由此可以看出，不同阶级对于孩子的教育投资是不同的。在被问到"在中小学时，是否有超过半年去补习班或者请家教的经历"时，在下层阶级中，有44.9%的人回答"没有"。与此相对，其他4个阶级的这一比例则都在30%左右。

在初中毕业前，父母离婚的人所占的比例在下层阶级中高达12.2%；在新中产阶级中，是2.5%；在正规劳动者阶级和旧中产阶级中所占的比例稍高于新中产阶级，约为6%。所以，不同阶级之间存在很大差别。此外，经常遭受父母的暴力行为的人所占的比例在下层阶级中是8.2%；在旧中产阶级中是9.7%；在新中产阶级中是1.9%；在正规劳动者阶级中是3.3%。可以说，有一部分下层阶级男性是因不和睦的家庭或父母的暴力行为而成了下层阶级的一员。

综上所述，下层阶级成长的家庭环境与其他阶级不同。

第四章　绝望国家中绝望的人——青年和中年下层阶级男性的现实

不仅与新中产阶级之间存在很大差别，与正规劳动者阶级之间也存在很大差别。在下层阶级男性成长的家庭环境中，经济贫困、没有像样的文化环境、没有教育投资，甚至经常遭受父母的暴力行为。这样一来，贫困就会从父母这一代蔓延到孩子这一代。

校园欺凌、不去上学……排斥学校教育

不同阶级的人在学校的经历也大不相同。坦白地说，在下层阶级男性中，有很多人排斥过学校教育（图4-10）。

首先，他们的成绩不好。在下层阶级中，初中三年级时，成绩处于下游的人所占比例高达49.3%；在正规劳动者阶级中，这一比例是37.1%；在新中产阶级中，这一比例是14.8%。这个问题问的是受访者在自己学校自己年级中的成绩。因为存在这样一种可能性，即下层阶级大多生活在居民教育水平和收入水平低的地区，新中产阶级大多生活在居民教育水平和收入水平高的地区，所以他们之间实际的差距可能会比图中显示的差距更大。

其次，有很多人在学校遭受过欺凌。在下层阶级中，这

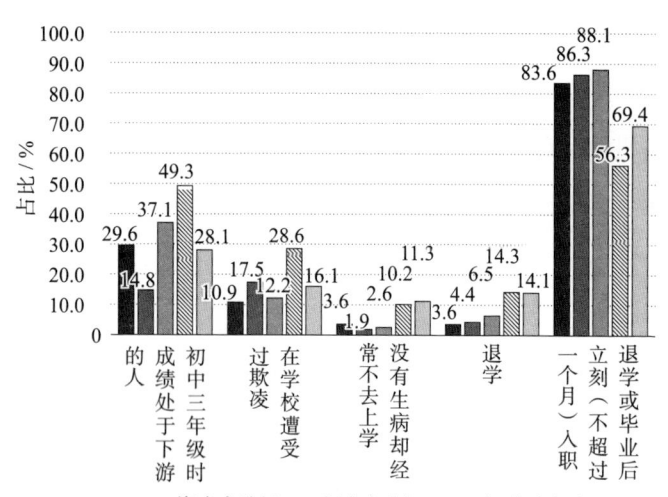

一比例达 28.6%，可以说略带冲击性。

图 4-10　对学校教育的排斥（男性，20—59 岁）

资料来源：作者依据 2016 年首都圈调查数据计算得出。

注："初中三年级时成绩处于下游的人"是"下游"和"略微下游"的合计。

此外，在下层阶级中，曾经有过不上学经历（没有生病却经常不去上学）的人也很多，占 10.2%。在新中产阶级中，这一比例只有 1.9%；在正规劳动者阶级中，这一比例只有 2.6%。但是，在旧中产阶级中，这一比例达到了

第四章 绝望国家中绝望的人——青年和中年下层阶级男性的现实

11.3%，超过了下层阶级。

最后，让我们来看一下对学校教育的排斥所导致的最终结果——退学。在下层阶级中，有14.3%的人选择了退学。很明显，退学是导致他们迈进下层阶级的重要因素。顺便说一句，这一比例在旧中产阶级中也高达14.1%。

从"下层阶级中退学者很多"这一点来看，应该会很容易理解"在退学者中，成为下层阶级的人占比非常高"。这一比例高到了一种什么程度呢？由于日本文部科学省基本上只针对正式从学校毕业的学生进行就业调查，所以我们并不清楚退学者群体的具体就业情况。但是，在2012年的调查结果中，我们可以看到一份劳动政策研究/研究机构"关于大学等退学者的就业和意识研究"。在高中退学者中，成为正式员工的人占31.3%；没有成为过正式员工的人占49.4%；没有过就业经历的人占13.5%（有5.8%的人就业状态不明）。此外，在大学退学者中，成为正式员工的人占33.9%；没有成为过正式员工的人占45.7%；没有过就业经历的人占13.9%（有6.5%的人就业状态不明）。短期大学和专科学校退学者的比例也基本与之（大学退学者）相同。

在2000年之后，高中退学者每年有5万—10万人，大学退学者每年有4万—8万人。因此，这些人成了下层阶级的重要"供给源"。

此外，毕业后无法顺利入职（无法快速入职）这件事成了人们"进入"下层阶级的重要"契机"。如图4-10最右侧所示，退学或毕业后立刻（不超过一个月）入职的比例，在新中产阶级中是86.3%；在正规劳动者阶级中是88.1%，这两个阶级中的人几乎在毕业的同时就入职了。但是，在下层阶级的男性中，这一比例只有56.3%。

毕业后数年间的非正规劳动

让我们来简单地看一下，下层阶级男性从学校毕业之后的经历。正如我在上一章最后所说的那样，在青年和中年下层阶级男性中，有43.4%的人在第一次就职时就成了下层阶级。剩下的56.6%的人在第一次就职时，属于正规劳动者阶级的人占46.7%，属于新中产阶级的人占7.9%。但是，他们之中有54.7%的人在3年内、有80.2%的人在6年内辞去了第一份工作。在他们选择辞职的众多理由中，"对职场感到不满"占比最高，达到了37.3%。除此之外，也有比较积极的理由，比如"因为找到了更好的工作"，占24%。但是，其余的理由就是诸如"破产、停业、裁员""其他"（这两者的占比都是10.7%）、"健康状况不佳"（5.3%）等。在辞去第一份工作后，有31.8%的人成了下层阶级，有15.3%的人成了无业者。这样一来，在从学校毕业之后的数年间，下层阶级的队伍越来越庞大。

5. 孤独与健康焦虑

青年和中年下层阶级男性，尤其是青年下层阶级男性，很容易患有精神方面的疾病。关于这一点，我已经在上文中进行了说明。那么，他们身体方面的健康情况如何呢？图4-11显示了不同阶级男性的健康状况和健康习惯。

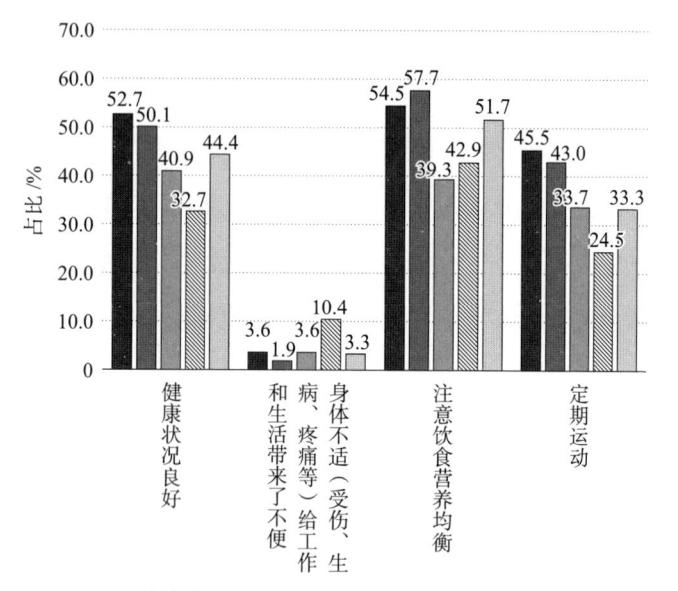

新下层：日本的社会阶层与贫困遗传

图 4-11　健康状况和健康习惯（男性，20—59 岁）

资料来源：作者依据 2016 年首都圈调查数据计算得出。

注："健康状况良好"是"良好"和"还可以"的合计。"身体不适（受伤、生病、疼痛等）给工作和生活带来了不便"是"总是"和"经常"的合计。"注意饮食营养均衡"和"定期运动"是"符合"和"比较符合"的合计。

其中，在资本家阶级中，健康状况良好的人占比最高，其次是新中产阶级和旧中产阶级。在正规劳动者阶级中，健

第四章　绝望国家中绝望的人——青年和中年下层阶级男性的现实

康状况良好的人所占比例较低；在下层阶级中，健康状况良好的人所占比例更低，比正规劳动者阶级低了8%以上。

身体不适（受伤、生病、疼痛等）给工作和生活带来不便的人在下层阶级以外的阶级中，所占比例很低，只有1.9%—3.6%。但是，在下层阶级中，这一比例达到了10.4%。

注意饮食营养均衡的人在资本家阶级和新中产阶级中占比较高，其次是旧中产阶级。在正规劳动者阶级中，这一比例只有39.3%，比下层阶级的42.9%还要低。这是因为在正规劳动者阶级中，有配偶者很多，所以实际上他们之中应该有很多人是在妻子的提醒下才开始注意饮食营养均衡的。

定期运动的人在资本家阶级中的占比较高，为45.5%；其次是新中产阶级，其比例为43.0%。在正规劳动者阶级和旧中产阶级中，这一比例为33%左右。在下层阶级中，则下降到了24.5%。

总的来说，即使是从健康差距这一点来看，下层阶级的窘境以及与其他阶级的差距都十分明显。

连身高和体重方面也存在差距

2016年的首都圈调查罕见地对受访者的身高和体重也进行了调查。我一边觉得不可能连身高和体重都存在差距,一边收集各个阶级的回答。然而,调查结果令我大吃一惊。虽然只针对男性群体进行了调查,但可以确认的是,不同阶级的人就连身高和体重方面也存在差距(如表4-1所示)。

表4-1 不同阶级的身高和体重情况(男性,20—59岁)

人群	身高/厘米	体重/千克
资本家阶级	173.2	72.9
新中产阶级	171.5	68.1
劳动者阶级	170.9	69.7
下层阶级	169.4	65.8
旧中产阶级	170.8	69.6

资料来源:作者依据2016年首都圈调查数据计算得出。

身高最高的是资本家阶级,平均身高有173.2厘米。文部科学省的"学校保健统计调查(2016年)"结果显示,17岁的男子高中生的平均身高为170.7厘米,这一身高比资本家阶级的平均身高低2.5厘米。第二高的是新中产阶级,平

第四章　绝望国家中绝望的人——青年和中年下层阶级男性的现实

均身高为 171.5 厘米。与此相对，下层阶级男性的平均身高只有 169.4 厘米，比资本家阶级低 3.8 厘米，比新中产阶级低 2.1 厘米。这一差距在统计学中是有意差[①]。体重方面的差距则更为悬殊。其中，资本家阶级的平均体重最重，为 72.9 千克；其次是劳动者阶级、旧中产阶级和新中产阶级。下层阶级的平均体重是 65.8 千克，比体重第二轻的新中产阶级低 2.3 千克。下层阶级和资本家阶级、劳动者阶级之间存在统计学上的有意差。如果把显著性水平[②]定为 10%，那么，可以认为下层阶级和旧中产阶级之间也存在有意差（下层阶级和新中产阶级之间不存在有意差）。

"联系"和"信任"也被断绝

近年来，社会资本作为影响人们健康状况的主要因素受到广泛关注。所谓社会资本，是指人与人之间的信任关系、

[①] 有意差也叫非偶然差，是在统计学等方面确实存在的差，可以说是并非偶然出现的差。——译者注
[②] 显著性水平是估计总体参数落在某一区间内，可能犯错误的概率。——译者注

社交网络等。人与人之间如果能形成信任关系，并拥有可以依靠的人际关系网，就会更容易保持健康状况；在遇到事情时，也会更容易得到帮助和支持。但是，不同阶级的社会资本也存在着差距，尤其是下层阶级男性，他们缺少决定性的社会资本。具体情况如图4-12和表4-2所示。

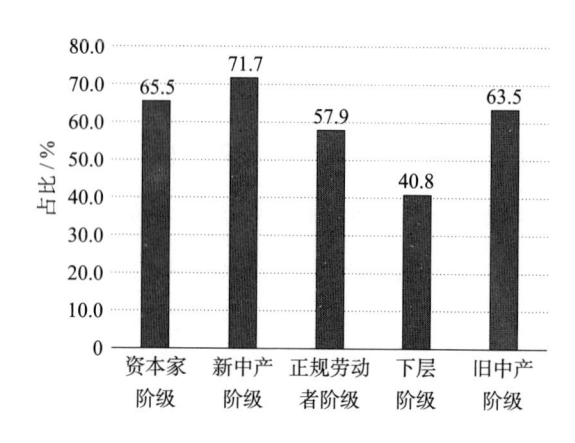

图4-12 不同阶级中的一般信任感（男性，20—59岁）

资料来源：作者依据2016年首都圈调查数据计算得出。

注：图4-12显示的是，在"一般可以信任他人"这个问题中，回答"是这样想的"和"基本是这样想的"的人所占的比例。

（资本家阶级 65.5；新中产阶级 71.7；正规劳动者阶级 57.9；下层阶级 40.8；旧中产阶级 63.5）

第四章 绝望国家中绝望的人——青年和中年下层阶级男性的现实

表 4-2 在不同阶级中,值得信任的家人、亲属和朋友的人数（男性,20—59 岁）

人群	家人、亲属 / 人	朋友 / 人
资本家阶级	8.4	12.1
新中产阶级	6.8	7.3
正规劳动者阶级	8.5	8.8
下层阶级	4.9	3.2
无配偶者	3.8	2.9
有配偶者	7.3	4.4
旧中产阶级	8.5	11.1

资料来源：作者依据 2016 年首都圈调查数据计算得出。
注：不包含朋友人数超过 200 人的样本。

图 4-12 展示了不同阶级的一般信任感程度。一般信任感是在社会心理学中经常被使用的概念。当一般信任感低时，人们就会很难与他人合作。在这时，人们很容易觉得即使自己与他人合作，也会被对方背叛，造成自己单方面吃亏的结果，因此，一般信任感低的人很难迈出合作的第一步。相反，当一般信任感高时，人们之间会很容易达成合作。图中显示了一般信任感高的人所占的比例。

下层阶级的一般信任感格外低。信任感高的人所占的比例只有40.8%，是其他阶级或群体的2/3左右。由此可知，下层阶级很难与他人进行合作。

表4-2显示了平时关系亲密，值得信任的家人、亲属和朋友的数量。顺便说一下，在回答者中，有人回答说，与自己平时关系亲密、值得信任的朋友有几百人，这种答案大幅超过了平均值，所以没有被包含在统计范围内。

在这一方面，下层阶级与其他阶级之间的差距也十分明显。下层阶级的人就连家人、亲属都很少，只有4.9人；朋友只有3.2人，是其他阶级或群体的1/4到1/3。特别是下层阶级的无配偶者，他们的家人、亲属只有3.8人，朋友只有2.9人。由此可见，下层阶级的男性在社会上几乎是孤立的，他们很难与别人合作或得到他人的支持。

顺便说一下，由2015年SSM调查数据可知，在青年和中年下层阶级男性中，有17.1%的人是独自生活的，这一数值出人意料地低。此外，与妻子共同生活的人占25.7%。从他们妻子的职业来看，有46.1%的人是非正式员工，有44.1%的人是无业者。在青年和中年下层阶级男性中，与自

第四章　绝望国家中绝望的人——青年和中年下层阶级男性的现实

己父母同住的人占比最多，达到了60.5%。

当说到与父母同住的下层阶级男性，可能会有很多人认为他们是所谓的"（依靠父母的）寄生单身者"[①]。事实上，这样的人确实存在。在此，我将"自己的收入占家庭收入的比例"称为"家庭收入贡献率"。从与父母同住的下层阶级男性的家庭收入贡献率来看，22.2%的人贡献率不足25%；55.6%的人贡献率不足50%。但是，反过来说，有44.4%的人对家庭收入的贡献率达到了50%以上。对于这类人（对家庭收入的贡献率达到了50%以上的人），与其说他们在依赖父母，倒不如说他们在赡养父母。与此相对，在与妻子同住的下层阶级男性中，对家庭收入的贡献率不足50%的人很少，只有18.8%。在下层阶级中，在经济上依赖家人的人所占的比例出乎意料地少，是主要赚钱者的人所占的比例很高。

---

① （依靠父母的）寄生单身者是指毕业后仍与父母同住，在基本的生活支出上需要依靠父母的未婚者。——译者注

6. 下层阶级渺茫的希望

从前文中的内容来看，我想称下层阶级为绝望的下层阶级。他们大多数人从小生活在贫困且不和睦的家庭中，没有一个好的教育环境；学习成绩不好，在学校遭受过欺凌；就业不顺利，即使就业时比较顺利，大多数人也会在几年后选择离职；有很多人没有结婚，并且很可能成为一次也没结过婚的"一生未婚"者。从他们现在的生活来看，在下层阶级中，有很多人认为自己经济困难；对工作和生活心怀不满；认为自己是不幸福的；时常会有绝望的心情或觉得自己没有任何价值。实际上，他们之中有很多人存在精神上和身体上的问题。他们在公司里没有晋升的希望，也无法享受公司的福利待遇。这就是下层阶级男性的真实情况。

渺茫的希望是什么

确实，他们的现状极其灰暗。但是，他们也有希望。这是因为下层阶级男性隐藏了一种可能性——他们可以成为

第四章 绝望国家中绝望的人——青年和中年下层阶级男性的现实

改变日本现状的中坚力量。

让我们来看一下，关于"差距的现状以及消除这种现状"这一设问所得到的回答（图4-13）。在资本家阶级和新中产阶级中存在一种倾向，即他们中的多数人始终不愿意承认"在如今的日本社会中，收入差距过于悬殊"这一事实。相反，下层阶级男性却表示完全认同这一事实。如果再加上选择"基本上认同"的人，这一比例达到了89.4%。回答"完全认同"的人占42.6%。他们对于日本现状的评价可以说是十分准确的。

对于现代日本的贫困阶层，有81.3%的下层阶级男性不赞同"陷入贫困完全是自己造成的"这种"自我责任论"，他们认为"陷入贫困的原因是社会机制存在问题"。由此可以看出，下层阶级男性已经在一定程度上从"自我责任论"中脱离出来（仅限于贫困方面）。与此相对，资本家阶级和新中产阶级等始终不愿意承认贫困是社会机制导致的。

此外，有79.2%的下层阶级男性完全支持通过对生活富裕的人进行征税，以及提高贫困阶层的福利待遇，来实现收入再分配。与此相对，对于收入再分配持消极态度的是

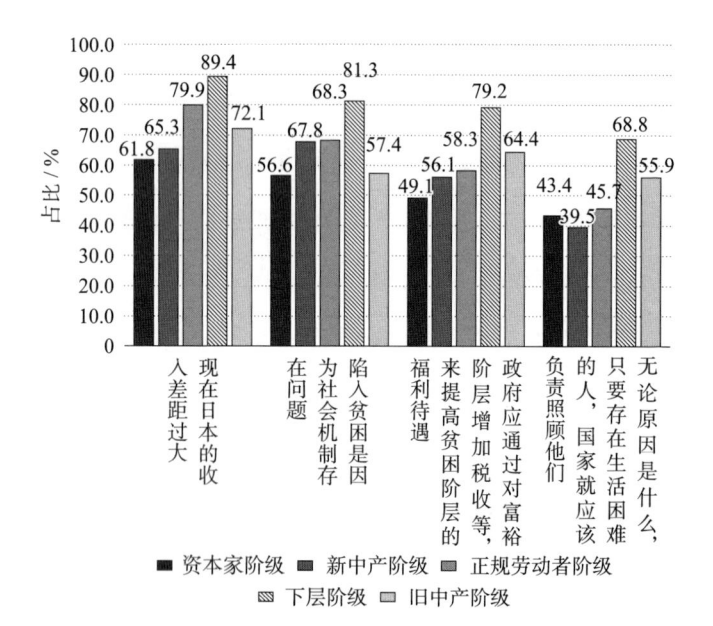

图 4-13 关于差距与消除差距的观点（男性，20—59 岁）

资料来源：作者依据 2016 年首都圈调查数据计算得出。

注：图中显示的都是"完全认同"和"基本上认同"的合计。

谁呢？资本家阶级持消极态度是理所当然的，其次是新中产阶级。但令人惊讶的是，就连正规劳动者阶级也几乎与资本家阶级站在了同一阵营。"富足的多数派"认为，一旦认可对富裕阶层进行征税以实现收入再分配，之后就很可能会波及自己（对自己所属的阶层也进行征税）。这让我想

第四章　绝望国家中绝望的人——青年和中年下层阶级男性的现实

起了第二章中曾经介绍过的加尔布雷思的观点：他们"对富裕阶层的高收入十分宽容"。

最精彩的莫过于受访者对于"无论原因是什么，只要存在生活困难的人，国家就应该负责照顾他们"这一观点的态度。"无论原因是什么"这一前提，实际上就是在要求国家对于生活困难的人实施无条件救济。所谓无条件，表明就连因为懒惰而导致贫困的人也可以成为被救济对象。即便如此，下层阶级中仍有68.8%的人对此表示赞同。资本家阶级、新中产阶级以及正规劳动者阶级之间则统一了立场，只有40%左右的人对此表示赞同。也许下层阶级与"富足的多数派"正好相反，在他们看来，如果将"由于懒惰而陷入贫困"看作这些人自己的责任，从而抛弃他们的话，最终很可能会波及自身，就连自己的贫困也会被放任不管。

相关的具体内容我会在第八章中进行详细说明。在当今日本，既没有代表下层阶级的有力政党，也没有代表下层阶级的工会等团体。如今，下层阶级在政治上并没有发言权。他们经常孤立存在，很难形成组织。但是，他们对于社会的不满以及正当的愤怒可能会成为"向改变社会迈出第一步"的充分动机。如果能将下层阶级的人组织起来,那么他们可能会对日本的政治产生很大影响。青年和中年下层阶级男性是日本的希望。

第五章

下层阶级的女性——她们的轨迹与现实

本章将主要针对60岁以下的下层阶级女性（青年和中年下层阶级女性）进行说明。此外，虽然60岁及以上的高龄下层阶级女性与青年和中年下层阶级女性有很大差别，但是她们之间也存在很多相关联的部分。在本章中，我将对她们之间相关联的部分进行总结和阐述。据2012年的就业结构基本调查显示，没有配偶的、作为非正式员工工作的下层阶级女性有402万人，占女性就业人口总数的15%。在20—29岁这一年龄段中，她们与男性的情况相同，未婚者占大多数。但是到了40—49岁这一年龄段，离婚或丧偶者很多。即使是在位于"4+1"阶级结构底层的下层阶级之中，她们也是经济条件最差的。

1. 即使同住，生活也很辛苦

与未婚者比例过半的青年和中年下层阶级男性不同，下

第五章　下层阶级的女性——她们的轨迹与现实

层阶级女性大多是离婚或丧偶者。但是，出人意料的是，独居的下层阶级女性很少，她们之中有许多人与自己的父母或孩子同住。表 5-1 展示了她们的家庭构成以及家庭收支情况。为了进行比较，我将其他阶级的数字（资本家阶级、新中产阶级、正式员工、兼职主妇、旧中产阶级的合计值）放在了表的最右侧。

表 5-1　女性下层阶级的家庭构成和收支情况

调查内容	青年和中年下层阶级女性			高龄下层阶级女性		其他女性
	独自生活	与父母同住	与子女同住	独自生活	与子女同住	
构成比 / %	12.3	57.2	40.1	48.7	44.9	—
每周工作时间 / 小时	37.5	34.8	34.0	24.4	22.2	34.0
个人年收入 / 万日元	198	157	164	201	182	225
家庭年收入 / 万日元	221	423	264	205	592	687
养老金收入 / 万日元	—	—	—	91	78	12

续表

调查内容	青年和中年下层阶级女性			高龄下层阶级女性		其他女性
	独自生活	与父母同住	与子女同住	独自生活	与子女同住	
贫困率/%	38.1	28.1	69.2	30.3	0	7.8
节省医疗费的人占比/%	38.5	19.0	29.9	33.3	30.0	18.9

资料来源：构成比、每周工作时间、收入、贫困率都是依据2015年SSM调查数据计算得出。节省医疗费的人所占比例依据2016年首都圈调查数据计算得出。

注："其他女性"是资本家阶级、新中产阶级、正式员工、兼职主妇、旧中产阶级。虽然也有60岁及以上的人与父母同住，但由于人数很少，所以在此省略。还有一部分人和自己的父母、孩子同时居住在一起，对于这种情况，在"与父母同住"和"与子女同住"这两类中都将其计算了进去。由于60岁以下领取养老金的人数极少，所以没有统计她们的养老金收入额。节省医疗费的人所占比例中包含了"本来就没有支付"的人。

在青年和中年下层阶级女性中，只有12.3%的人是独自生活的，其余的人都和自己的家人生活在一起。与父母同住的人占57.2%，与子女同住的人占40.1%（因为有的人同时与自己的父母、孩子居住在一起，所以，这两者的比例合计超过了100%）。与此相对，高龄下层阶级女性中有48.7%的

第五章 下层阶级的女性——她们的轨迹与现实

人独自生活,有 44.9% 的人与自己的孩子居住在一起。

从工作时间来看,青年和中年下层阶级女性的工作时间较长,平均每周工作 34.0—37.5 小时。她们的工作时间与其他阶级的平均工作时间基本相同。与此相对,高龄下层阶级女性每周的平均工作时间很短,不到 25 小时。这之中有她年纪大了的因素,但最主要的原因是她们有养老金收入,所以也没有必要长时间工作。虽说如此,但是对于 60 岁及以上独自生活的女性来说,平均 91 万日元的养老金是无法维持生活的,她们只有作为非正式员工出来工作,才能确保一年有 200 万日元左右的收入,这样才能维持生计。所以,她们其实是非常辛苦的。

与此相对,60 岁及以上与子女同住的人的家庭年收入有 592 万日元,贫困率为 0。与子女同住且经济稳定的她们为什么还要继续工作呢?关键在于她们对工作的满足感。如第三章的表 3-2 所示,在高龄下层阶级女性中,有 49.4% 的人对工作内容感到满意,有 31.2% 的人对工作收入感到满意,这一比例在与子女同住的人之中更高,分别达到了 52.9% 和 35.3%。关于她们对工作内容的满意度,如果加上选择"比较满意"的人,比例接近90%。因为她们之中有很多人可以在工作中感受到自己的价值,同时还能赚取收入。在某种意义上,她们是过着幸福的晚年生活的女性群体,也许用"下层阶级"来称呼她们并不合适。高龄下层阶级女性中包含的这部分女性群体情况如下:她们在家庭的基本支出方面依赖子女,同时靠自己的养老金和作为非正式员工的收入自由自在地生活。对于这一类女性群体,也许将她们称为"逆 – 寄生单身者"更贴切。关于这一点,我将在下一章中进行说明。

即使同住,艰辛的生活状态也没有发生变化

与此相对,青年和中年下层阶级女性的生活可谓十分艰辛。即使她们与父母同住,这一状态也基本没有变化。

说起与父母同住的未婚女性,如果是40岁及以上的读者,可能会想到"寄生单身者"一词。在第四章中,我曾提到过这个词。在这里,我再说明一下。

在1997年2月8日的《日本经济新闻》晚报中,刊登了《正在增加的寄生单身者——在父母身边过着富裕的生

第五章 下层阶级的女性——她们的轨迹与现实

活,助长了不婚化与少子化》这一报道。这是记者在对社会学家山田昌弘进行采访后写出的报道。在这里,山田昌弘将"一直待在父母身边、接受父母帮助、享受着富裕的单身生活的年轻人",特别是女性,称为"寄生单身者"。这类年轻人的父母们当时是50—69岁。他们的父亲在日本经济高速发展的时期开始参加工作,之后顺利地升迁,即使在退休后也不需要在经济上依赖子女。他们的母亲大多成了专业主妇,所以他们作为子女也不需要做家务。此外,他们还拥有自己的房间。因为他们可以随意使用自己的工资,所以可以过着奢侈的生活。那么,他们为什么不结婚呢?年轻男性是因为经济实力不足。如果他们结婚的话,就要离开自己原本的家,那么他们的生活水平很有可能会因此下降。所以,他们不想结婚。山田昌弘指出,像这样"在父母身边过着富裕生活的年轻人"成了现在少子化的原因。

山田昌弘接着指出,寄生单身者进而会减少人们对住宅或耐用消费品的需求,成为经济不景气的原因(《寄生单身者的时代》)。为了山田昌弘的名誉再附加一句话,那就是,他会根据之后的社会变化以及新的调查结果等,修改他的主张。后来,年轻人的情况发生了天翻地覆的变化:非正式员工增多;在他们一直不结婚的状态下,他们的父母慢慢变老,他们不得不成为支撑父母生活的人。从这些情况来看,已经不能再说他们正过着富裕的生活了(《寄生社会的去路》等)。

"寄生单身者是指依赖父母、过着悠闲生活的青年"这一主张在之后曾被数次指出与事实不符。比如,劳动经济学家玄田有史认为,青年之所以成为寄生者,是因为恶劣的就业环境使他们的收入减少,他们无法靠自己维持生计。寄生单身者不是造成经济不景气的原因,而是经济不景气导致的结果(《工作中暧昧的不安》)。此外,社会学家白波濑佐和子明确指出,从数据分析的结果来看,有20岁以上未婚者的家庭收入较高,所以,这说明在很多家庭中,其实是子女在经济上帮助父母(《少子高龄社会中看不见的差距》)。无论是父母支撑子女,还是子女支撑父母,总之,成年后的子女与父母同住的家庭绝不是富裕的家庭。

第五章 下层阶级的女性——她们的轨迹与现实

从家庭收入贡献率来看,几乎不存在"寄生"这一事实

但是,曾一度成为流行语的词会使人们形成刻板印象。直到现在,如果说人们已经对"寄生单身者"一词产生了刻板印象,那么最容易受到误解的应该就是这些与父母同住的下层阶级女性群体。那么,她们的真实情况如何呢?

与父母同住的60岁以下下层阶级女性的个人年收入只有157万日元。与此相对,家庭年收入是423万日元,虽然不至于说少,但是她们的贫困率却达到了28.1%。这是因为家庭年收入在600万日元以上的富裕家庭占二成左右,而家庭年收入不足400万日元的家庭占将近六成。那么,能说她们是寄生于父母的人吗?关于这一点,只要看一下她们的家庭收入贡献率,即个人年收入在家庭年收入中所占的比例,即可一目了然。数据显示,家庭收入贡献率在25%以下、被视为字面意义上的寄生者人数只占整体人数的21.9%;有50%的人的家庭收入贡献率超过了50%;家庭收入贡献率在75%以上的人也有18.8%。总而言之,她

们之中的大多数人在用自己作为非正式员工所赚取的微薄收入赡养父母。此外，养育孩子的人也不在少数。

与子女同住的青年和中年下层阶级女性的个人年收入很低，只有164万日元。她们的家庭年收入也只有264万日元，贫困率高达69.2%。在她们之中，有76.9%的人的家庭收入贡献率达到了50%以上，很少有家庭靠子女的收入来维持生计。此外，关于独自生活的群体，她们的个人年收入为198万日元，虽然是独自生活，但她们的家庭年收入（221万日元）却高于个人年收入。这是因为有人将分开居住的家人的收入算在了一起，因此这个数据稍高于与子女同住的群体。她们的贫困率为38.1%。

她们依靠微薄的收入度日，平日里尽可能节省各种开支。表5-1只显示了被节省得最严重的一项开支——医疗费的情况。只有在与父母同住的青年和中年下层阶级女性中，节省开支的人的比例与其他阶级的女性差不多。在除此之外的其他下层阶级女性中，有接近四成的人回答说"正在节省医疗费的支出"。由此，我们可以窥见她们的生活状态。

2. 未婚与离婚和丧偶的分界

接下来让我们来看一下,迄今为止,下层阶级女性在过着什么样的生活。SSM调查向受访者询问了她们迄今为止从事过的所有职业(包括无业期间在内),并且对于结过婚的人,询问了她们结婚时的年龄;对于离婚或丧偶的人,询问了她们离婚或丧偶时的年龄。因此,虽然是以发放问卷调查专用纸的形式进行的调查,但是依然能清楚地了解回答者迄今为止的生活经历。由于生活经历应该会因配偶关系(未婚、离婚或丧偶)不同而产生很大差别,所以,让我们分开来看拥有不同配偶关系的群体的生活经历。

表 5-2 显示了她们职业经历的大致情况。

表 5-2 女性下层阶级的职业经历

职业经历		未婚	离婚	丧偶
在第一份工作中的就职身份	正式员工	35.7%	71.7%	86.2%
	非正式员工	59.8%	22.8%	10.3%
	有离职经历的人	76.8%	100.0%	100.0%

续表

职业经历		未婚	离婚	丧偶
辞去第一份工作的原因	找到了更好的工作	30.0%	14.0%	10.3%
	对职场感到不满	28.8%	15.1%	10.3%
	家庭的原因（结婚、育儿等）	2.5%	58.1%	62.1%
辞去第一份工作后的经历	正式员工	17.6%	19.4%	16.7%
	非正式员工	48.2%	29.0%	16.7%
	无业	29.4%	48.4%	61.7%

资料来源：作者依据2015年SSM调查数据计算得出。20—79岁女性。

未婚者在刚步入职场时，就有59.8%的人成了非正式员工，正式员工只有35.7%。如上一章所述，在青年和中年下层阶级男性中，在刚步入职场时，非正式员工占43.4%，而青年和中年下层阶级女性的这一比例比他们高出了16%以上。有离职经历的人占76.8%。辞去第一份工作的原因多种多样，但其中占比最多的原因是"找到了更好的工作"（30.0%）以及"对职场感到不满"（28.8%），以"家庭的原因"（2.5%）辞职的人极少。此外，在辞去第一份工作后，大多数人成了非正式员工（48.2%），其次是无业者（29.4%），成为正式员工的人只占17.6%。虽然在表5-2中没有显示，但如果进行更为详细的计算就会发现，在第一份工作中以正式员工身份就职的群体中，第二份工作也是正式员工（的人）只占33.3%，非正式员工的人占35.9%，无业者占30.8%。以辞去第一份工作为转折点，有许多人成了下层阶级的一员。可以看出，她们与青年和中年下层阶级男性之间存在很多共通点。

在离婚或丧偶这一分界点，人生被完全改变

离婚或丧偶的人，与其他群体的状态完全不同。在她们之中，有许多人最初是作为正式员工开始参加工作的，这一比例在离婚者中占71.7%，在丧偶者中占86.2%。在丧偶者中占比更高的原因可能是丧偶者群体的年龄普遍高于离婚者群体。在她们（如今的丧偶者）刚开始工作的那个时代，成为正式员工是理所当然的事情。在调查对象中，所有人都有过离职经历。此外，从辞去第一份工作的原因来看，"家庭的原因（结婚、育儿等）"约占六成（在离婚者中

占58.1%，在丧偶者中占62.1%）。此外，离职后，在离婚者中有48.4%的人，在丧偶者中有61.7%的人成了无业者。由此可以看出，在下层阶级女性中，有许多人以结婚为契机，成了无业者。

让我们来更详细地看一下离婚者和丧偶者的职业经历。表5-3展示了她们结婚前后和离婚、丧偶前后的情况。

表5-3 有离婚或丧偶经历的女性下层阶级的职业经历

时段	离婚			丧偶		
	正式员工	非正式员工	无业者	正式员工	非正式员工	无业者
结婚前不久	53.8%	26.4%	16.5%	55.2%	8.6%	32.8%
结婚后不久	7.8%	25.6%	63.3%	17.2%	27.6%	50.0%
离婚或丧偶前1年	10.1%	42.7%	43.8%	15.8%	54.4%	26.3%
离婚或丧偶后1年	19.5%	64.4%	10.3%	14.0%	71.9%	12.3%
离婚或丧偶后2年	16.3%	69.8%	8.1%	13.2%	73.6%	11.3%

第五章 下层阶级的女性——她们的轨迹与现实

续表

时段	离婚			丧偶		
	正式员工	非正式员工	无业者	正式员工	非正式员工	无业者
离婚或丧偶后3年	17.1%	73.2%	4.9%	11.8%	72.5%	13.7%

资料来源：作者依据2015年SSM调查数据计算得出。20—79岁女性。

无论是离婚者还是丧偶者，在她们结婚前，有一半以上是正式员工。非正式员工在离婚者（26.4%）中较多，在丧偶者（8.6%）中较少是由她们之间的年代差异造成的。但是结婚后，正式员工大幅减少。在离婚者中，只有7.8%的人是正式员工；在丧偶者中，这一比例也只有17.2%。在离婚者中，随着正式员工的减少，无业者开始增多；而在丧偶者中，无业者和非正式员工的人数都在增多。我们可以清楚地看到，许多女性因结婚从正式员工转变成了兼职主妇或专业主妇。

通过观察她们离婚或丧偶前一年的情况，可以发现，与结婚后不久相比，无论是在离婚者还是丧偶者中，都是非正式员工增多，无业者减少。这是因为她们在成为离婚者或丧偶者之前的这段时间内，从专业主妇变为了兼职主妇。特别是在丧偶者中，这两个比例的变化幅度更大。这可能是她们的丈夫受生病等因素影响，已经无法再赚取收入了。此外，在离婚或丧偶后，她们的人生发生了巨大改变。她们之中的无业者大幅减少，只占一成左右。大部分女性为了维持生计开始工作。在离婚者中，正式员工的比例增加了将近10%，但大多数人还是非正式员工。在丧偶者中，可能因为老年人较多，所以，在丧偶后的3年时间里，她们之中无业者的比例并没有明显变化；但在离婚者中，无业者的比例持续减少，3年后只占4.9%。许多专业主妇以离婚或丧偶为契机，开始成为非正式员工，并流入下层阶级。此外，许多兼职主妇也由于离婚或丧偶，成了下层阶级的一员。

在从学校毕业进入社会的这个阶段，许多女性获得了正式雇用的职位。但是，由于她们遵从"结婚后照顾家庭是理所当然的"这一社会共同认知而选择了离职，所以，她们也就因此失去了经济独立的基础。虽然这是无法挽回的事情，但是，这的确是造成她们如今窘境的重要原因。

3. 与男性不同的成长经历

在上一章中，我们了解了青年和中年下层阶级男性在成长经历以及学校经历上的特点。他们之中的大多数人原生家庭贫困、家人之间关系紧张、没有良好的教育环境、学习成绩不佳，并且在学校遭受过欺凌。那么，下层阶级女性的情况如何呢？不妨将她们与其他阶级以及兼职主妇、专业主妇进行比较（由于在资本家阶级中的女性很少，所以在此省略）。

图 5-1 和图 5-2 与上一章中的图 4-9 和图 4-10 的调查内容相同，只是调查对象从男性变成了女性。为了进行比较，我将青年和中年下层阶级男性的数字标注在最右侧。

由图 5-1 可得知，下层阶级女性的原生家庭并不贫困，贫困的人所占的比例只有 10.2%。顺便说一下，生活富裕的人所占的比例为 27.3%，高于平均值。家中有不超过 10 本书的人所占比率较高，为 26.3%，但是与下层阶级男性（37.1%）相比，这一比例算是很低的。有许多人没有接受过学校教育之外的教育，占比为 30.8%。父母离婚（的人）、

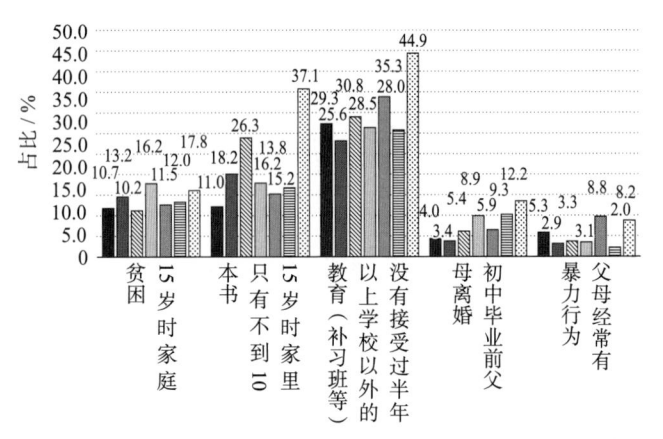

图 5-1 原生家庭的差异（女性，20—59 岁）

图例：■ 新中产阶级　■ 正规劳动者阶级　▨ 女性下层阶级　▨ 兼职主妇　▨ 旧中产阶级　▨ 专业主妇　▨（参考）男性下层阶级

各项数据（依次为：新中产阶级、正规劳动者阶级、女性下层阶级、兼职主妇、旧中产阶级、专业主妇、（参考）男性下层阶级）：

- 贫困：10.7、13.2、16.2、11.5、10.2、12.0、17.8
- 15 岁时家里只有不到 10 本书：11.0、18.2、26.3、16.2、13.8、15.2、37.1
- 15 岁时家庭没有接受过半年以上学校以外的教育（补习班等）：29.3、25.6、30.8、28.5、28.0、35.3、44.9
- 初中毕业前父母离婚：4.0、3.4、5.4、8.9、5.9、9.3、12.2
- 父母经常有暴力行为：5.3、2.9、3.3、3.1、8.8、2.0、8.2

资料来源：作者依据 2016 年首都圈调查数据计算得出。

注："15 岁时家庭贫困"是"贫困"和"比较贫困"的合计。

受到父母暴力行为的人也比较少。可以说，她们与下层阶级男性之间的差异十分明显。下层阶级女性并不像下层阶级男性那样，有许多人在贫困且不和睦的家庭中长大。在下层阶级女性中，有许多人在普通的，甚至比较好的家庭中长大。

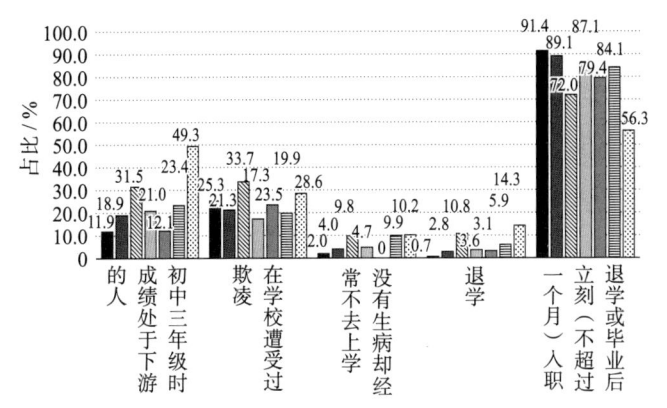

第五章 下层阶级的女性——她们的轨迹与现实

图 5-2 对学校教育的排斥（女性，20—59 岁）

资料来源：作者依据 2016 年首都圈调查数据计算得出。

注："初中三年级时成绩处于下游的人"是"下游"和"略微下游"的合计。

但是，在看了图 5-2 之后，印象也许会有所改变。在下层阶级女性中，虽然成绩不好的人不像下层阶级男性（49.3%）那么多，但是 31.5% 的比例也并不低。此外，她们之中有许多人在学校遭受过欺凌，比例达到了 33.7%，甚至超过了下层阶级男性。从调查结果来看，无论是否考虑出身阶级，女性与男性相比，在学校遭受过欺凌的人更多。曾有过不上学经历（明明没有生病却经常不去上学）的人，占比也高达9.8%。最终从学校退学的人有10.8%，即使没有下层阶级男性那么高，但这一比例也并不低。此外，离开学校后立刻就业的人有72.0%，这一比例大幅低于其他群体。但是，与下层阶级男性（56.3%）相比，却高出16%左右。

综合下层阶级女性的经历来看，下层阶级女性与下层阶级男性相比，以更多样的方式流入了下层阶级。

主妇与掉入下层阶级的危险为邻

在某种意义上，下层阶级男性诞生的机制很容易被理解。他们在下层的家庭中长大、被学校教育排斥、就业失败或就业后没多久就不得不离职，就这样流入了下层阶级。

与此相对，在下层阶级女性中，有许多人在相对富裕的家庭中长大。但是，她们在学校的成绩不好、遭受过欺凌、陷入拒绝上学的状态中，在有些情况下甚至会退学。在她们之中，就业失败的人还有很多。从这一点来看，她们与下层阶级男性相同，但又并不仅仅如此。在她们之中，还有一部分女性虽然在普通的家庭中长大、正常地参加工作、正常地结婚。但是，在因为一些事情而离婚或丧偶后，她们也流入了下层阶级。对男性来说，他们之所以会成为下层阶级，在一定程度上是因为从下层到下层这种"贫困连锁"的机制发挥了很大作用，但对女性而言却不一定是这样的。女性与男性不同，有这样一种路径会使她们成为下层阶级，即结婚后成为专业主妇或兼职主妇的女性，在离婚或丧偶后流入下层阶级。梦想着结婚后成为主妇，顺利走完一生的女性就这样坠入了下层阶级。可以说，主妇这一身份经常与危险为邻。

4. 社会资本这一希望

在上一章中，我们看到了青年和中年下层阶级男性在精神上的危险状态。那么，下层阶级女性的情况如何呢？图 5-3 将下层阶级、其他阶级和家庭主妇的抑郁倾向进行了比较。在除下层阶级之外的其他阶级中，职业女性的抑郁倾向并没有显著差距，只有专业主妇的情况有些不同，所以，我将专业主妇这一类单独展示了出来。

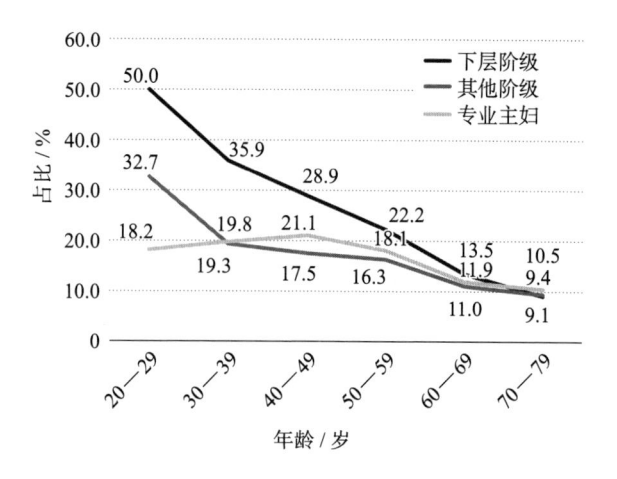

图 5-3　抑郁倾向（女性，20—79 岁）

资料来源：作者依据 2015 年 SSM 调查数据计算得出。

注：图中显示的是 K6 得分超过 9 分人数所占的比例。

青年下层阶级女性的抑郁倾向极强。在 20—29 岁这一年龄段中，K6 得分超过 9 分的人达到了 50.0%，超过了上一章图 4-5 所显示的下层阶级男性的这一比例。在其他阶级中，这一比例为 32.7%，虽然不低，但与下层阶级之间存在很大差距。与此相对，在专业主妇中，这一比例很低，只有 18.2%，约为下层阶级的 1/3、其他阶级的一半。

随着年龄增长，有抑郁倾向的人所占比例有所降低，但这一比例在下层阶级中依然很高。在 30—39 岁这一年龄段中，

第五章 下层阶级的女性——她们的轨迹与现实

占35.9%；在40—49岁这一年龄段中，占28.9%。青年下层阶级女性与下层阶级男性一样，在精神上处于危险状态。

其他阶级的这一比例也随着年龄增长而有所下降。只有在专业主妇这一群体中，这一比例基本没有变化。这是因为在她们之中，这一比例原本就不高。但是，在50岁之后，专业主妇中有抑郁倾向的人所占的比例开始下降。到了60岁之后，基本上与其他阶级或群体之间没有差别。至少，在精神上，她们能安稳度过晚年。

图5-4显示了不同阶级和群体的健康状况和健康习惯。在下层阶级女性中，曾接受过抑郁症等心理疾病的诊断或治疗的人所占比例极高，达到了19.6%，几乎与下层阶级男性相同，是其他阶级或群体的两三倍，与新中产阶级和兼职主妇之间存在显著差距。在下层阶级女性中，健康状况良好的人所占比例只有29.0%，甚至比下层阶级男性的这一比例还要低。虽然图5-4中没有显示，但在下层阶级女性中，健康状况不好的人所占比例高达24.7%（回答"一般"的人占46.2%）。

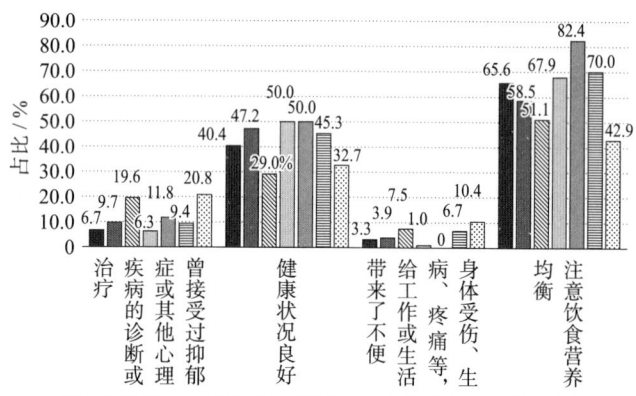

图 5-4 健康状况和健康习惯（女性，20—59 岁）

资料来源：作者依据 2016 年首都圈调查数据计算得出。

注："健康状况良好"是"良好"和"还可以"的合计。"身体受伤、生病、疼痛等，给工作和生活带来了不便"是"总是"和"经常"的合计。"注意饮食营养均衡"是选择"符合"的人所占的比例。

在下层阶级女性中，因身体状况而导致工作或生活不便的人占 7.5%，大幅高于其他阶级，与下层阶级男性的水平相近（这一比例在专业主妇中也高达 6.7%，但原因尚不清楚）。注意饮食营养均衡的女性比例整体较高，但在不同阶级和群体中差别很大。其中，占比最高的是旧中产阶级，达到了 82.4%；其次是专业主妇（70.0%）和兼职主妇

第五章　下层阶级的女性——她们的轨迹与现实

（67.9%）。在下层阶级中，这一比例很低，只有51.1%，与其他阶级或群体之间的差距很大。其中的原因可能是，对下层阶级女性来说，无论是在经济上还是精神上，她们都没有余力去注意饮食营养均衡吧。与下层阶级男性相比，下层阶级女性中注意饮食营养均衡的人所占的比例要高一些。但这是因为她们大多是为了孩子或父母而从事家务劳动的女性，所以这种程度的差距也是理所当然的。

上一章的图4-11显示了定期运动的人所占的比例。但是，在女性中，这一比例在各个阶级或群体中的差距不大，且无论哪个阶级或群体，女性的这一比例都低于男性。

综上所述，可以看出下层阶级女性几乎与下层阶级男性相同，精神状态和身体状况都令人担忧。但是，并不是没有拯救方法。与下层阶级男性相比，在下层阶级女性中，有许多人被社会资本所眷顾。

与男性不同，女性有许多朋友

表5-4显示了平时关系亲密且值得信任的家人、亲属和朋友的数量。因为下层阶级女性大多是无配偶者，所以，

对她们而言，值得信任的家人或亲属很少，与下层阶级男性基本相同。但是，她们的朋友平均有6.0人，虽然少于其他阶级或兼职主妇、专业主妇，但差距并不明显。因为下层阶级男性的朋友只有3.2人，所以，与下层阶级女性之间的差距很明显。此外，在下层阶级男性中，一个值得信任的朋友也没有的人所占比例达到了28.6%以上。但在下层阶级女性中，这一比例只有12.9%。此外，在下层阶级男性中，有不超过2个值得信任的朋友的人所占比例为55.1%；但在下层阶级女性中，这一比例只有31.2%。虽然下层阶级女性在经济和健康方面都处于不佳的状态，但是在女性的社交关系网中，可以说她们在某种程度上得到了优待。

表5-4 在不同阶级中，值得信任的家人、亲属和朋友的人数（女性，20—59岁）

单位：人

人群	家人、亲属	朋友
新中产阶级	7.2	9.0
正规劳动者阶级	6.2	7.9
下层阶级	4.7	6.0

续表

人群	家人、亲属	朋友
兼职主妇	8.2	9.7
旧中产阶级	7.8	7.1
专业主妇	8.1	8.9
（参考）男性下层阶级	4.9	3.2

资料来源：作者依据2016年首都圈调查数据计算得出。

5.日常生活中的小确幸

那么，下层阶级女性过着什么样的日常生活呢？图5-5针对4项业余活动和4项消费行为，将下层阶级、其他阶级和专业主妇进行了比较。

如我所预想的一样，在这几个项目中，下层阶级的业余活动和消费行为的程度较低。其中，去图书馆的人占37.0%，比其他阶级低10.2%，比专业主妇低16%。此外，买国产牛肉或蔬菜的人占65.9%；买无农药或有机栽培的蔬

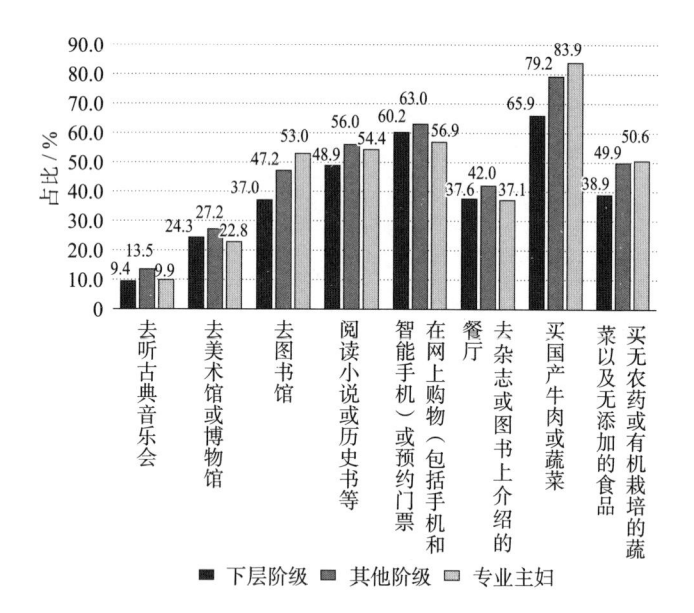

图 5-5 业余活动和消费生活（女性，20—59岁）

各项数据（下层阶级／其他阶级／专业主妇，%）：
- 去听古典音乐会：9.4 / 13.5 / 0.9
- 去美术馆或博物馆：24.3 / 27.2 / 22.8
- 去图书馆：37.0 / 47.2 / 53.0
- 阅读小说或历史书等：48.9 / 56.0 / 54.4
- 在网上购物（包括手机和智能手机）或预约门票：60.2 / 63.0 / 56.9
- 餐厅：37.6 / 42.0 / 37.1
- 去杂志或图书上介绍的餐厅：65.9 / 79.2 / 83.9
- 买国产牛肉或蔬菜：38.9 / 49.9 / 50.6
- 买无农药或有机栽培的蔬菜以及无添加的食品

资料来源：作者依据2016年首都圈调查数据计算得出。

注："去听古典音乐会""去美术馆或博物馆""去图书馆""阅读小说或历史书等"是每年一次到数次的比例。除此之外的是"经常"和"偶尔"的合计。

菜以及无添加食品的人占38.9%，这一比例与其他阶级和专业主妇相比，低了十几个百分点。

但是，从整体来看，差距却很小。去听古典音乐会的人（9.4%）、去美术馆或博物馆的人（24.3%）、去杂志或

第五章 下层阶级的女性——她们的轨迹与现实

图书上介绍的餐厅的人（37.6%）的比例与专业主妇几乎相同；在网上购物或预约门票的人的比例（60.2%）甚至超过了专业主妇。当然，由于经济实力不足，也许下层阶级女性购入商品的单价会比较低。此外，这一比例也能从侧面反映出下层阶级女性的业余时间较少，所以使用网络购物的情况会比较多。即便如此，依然可以说下层阶级女性的业余活动和消费行为要比人们想象中的活跃许多。虽然图5-4中没有显示，但是，在青年和中年下层阶级男性中，去听古典音乐会的人占4%，去美术馆或博物馆的人占10.7%，去图书馆的人占28%，他们的业余生活可谓是极其乏味。此外，在下层阶级男性中，在网上购物或预约门票的人也只占45.6%，他们的消费程度很低。与此相对，下层阶级女性过着充实的业余生活和消费生活。

在生活中下功夫

不久前，我被邀请参加在某大型超市总部举办的研讨会，针对现代日本的差距和消费活动进行了演讲，并参与了员工之间的讨论。在研讨会中，对于以下层阶级为首的贫困阶层，我强调了他们不使用信用卡，不买国产牛肉、有机蔬菜、无添加食品等特点。在讨论中，员工对于这一观点产生了异议，即是否需要将贫困的人（约占百分之十几）视为超市的目标顾客。这是因为门店前摆放的商品会因是否将贫困人群视为目标顾客而不同。

于是，我说了下面这样一件事。在有许多贫困人口的东京都足立区的工厂旧址上建成的高级购物中心里有一个超市。其实，这栋建筑物本身是面向中高收入者建成的，但它的周边却居住着许多贫困阶层的人。去过该超市的商品卖场后就会发现，它的备货商品种类之丰富，甚至可以说是在其他地方从未见过的程度。比如牛肉，从 100 克 95 日元的进口肉，到 1280 日元的松阪牛肉，一应俱全。因此，这个超市吸引了包括周边居民在内的大量顾客。如果当时该超市舍弃了周边的低收入群体，那么就会使这一区域出现社会割裂的现象，造成负面影响。

但是，如果考虑作为购物主体的女性群体，那么这种担心可能会有些多余。她们与男性贫困阶层不同，因为她们会在低收入的范围内，尽可能地享受生活。她们之中的大多数人经济上贫穷，肉体和精神上也一直处于紧绷的状态，唯有消费可以让她们觉得自己被拯救了。

6. 女性群体如何看待差距

那么，女性群体是如何看待差距和贫困的现状呢？图 5-6 与上一章中的图 4-13 相同，只是将调查对象换成了女性群体。

女性群体与男性群体之间的差异十分明显。由图 4-13 可知，认为当今日本收入差距过大的男性在下层阶级中占将近九成。与此相对，在资本家阶级和新中产阶级中，占六成左右；在旧中产阶级中，占七成左右；在正规劳动者阶级中，占不到八成。但是，在女性群体中，无论哪个阶级（包括专业主妇和兼职主妇在内），这一比例都超过了八成。不仅是下层阶级，就连在兼职主妇中，这一比例也接近九成。与男性不同，在女性群体中，"收入差距过大"似乎已经成为共识。关于认为"陷入贫困是因为社会机制存

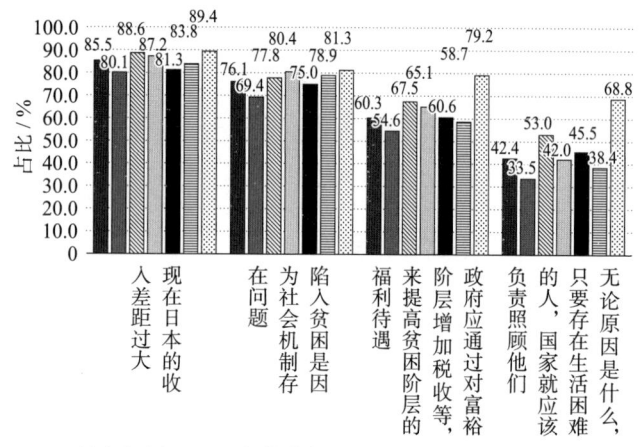

[图表数据]

- 现在日本的收入差距过大: 85.5 / 80.1 / 81.3 / 87.2 / 83.8 / 88.6 / 89.4
- 在问题（为社会机制存在问题）: 76.1 / 69.4 / 77.8 / 75.0 / 80.4 / 78.9 / 81.3
- 陷入贫困是因为社会机制存在问题
- 福利待遇: 60.3 / 54.6 / 67.5 / 60.6 / 65.1 / 58.7
- 政府应通过对富裕阶层增加税收等，来提高贫困阶层的福利待遇: 79.2
- 只要存在生活困难的人，国家就应该负责照顾他们: 42.4 / 33.5 / 53.0 / 42.0 / 45.5 / 38.4
- 无论原因是什么: 68.8

图例：■ 新中产阶级　正规劳动者阶级　下层阶级　兼职主妇　■ 旧中产阶级　专业主妇　（参考）男性下层阶级

图 5-6　关于差距与消除差距的想法（女性，20—59 岁）

资料来源：作者依据 2016 年首都圈调查数据计算得出。

注：图上显示的都是"完全认同"和"基本上认同"的合计。

在问题"这一点，女性群体的认知也与男性不同。有这一想法的男性在下层阶级中超过了八成。与此相对，在资本家阶级中是五成左右；在新中产阶级和正规劳动者阶级中是六成左右。但是，在女性群体中，无论哪个阶级，都有七八成的人认为贫困不是自己造成的。尤其是在下层阶级、兼职主妇和专业主妇中，有八成左右的人否定了"自我责

第五章 下层阶级的女性——她们的轨迹与现实

任论"。在这一点上,她们与下层阶级男性的步调一致。

但是,关于是否需要进行收入再分配这一问题,女性群体的态度并不像下层阶级男性那样明确。在下层阶级男性中,支持这一措施的人占79.2%。与此相对,在下层阶级女性中,支持这一措施的人只占67.5%;在兼职主妇中占65.1%;在专业主妇中占58.7%。"无论原因是什么,只要存在生活困难的人,国家就应该负责照顾他们"这一观点,在下层阶级男性中的支持率为68.8%。与此相对,在下层阶级女性中的支持率为53.0%;在兼职主妇中的支持率是42.0%;在专业主妇中的支持率是38.4%。对此,我们猜测也许长期被政治世界排除在外、被当作配角的日本女性群体,在对政治提出强烈要求这件事上存在犹豫。

虽说如此,要想通过收入再分配缩小贫富差距、消除贫困,女性群体的支持必不可少。

第六章

『下游老人』不断增多

本章将对同为高龄下层阶级的三个不同性质的群体进行说明。这三个群体分别是：长年作为正式员工在具有一定规模的职场中工作，退休离开职场后成了非正式员工的下层阶级男性（我想将其称为"退休后的下层阶级"）；常年作为个体经营者、小微企业劳动者或非正式员工工作的其他下层阶级男性；下层阶级女性。

1. 工作经历与退休后的生活

高龄下层阶级男性拥有怎样的职业经历，又是如何成为下层阶级的呢？请看图 6-1。由于图 6-1 上没有标注数字，所以我将一边补充数字，一边进行说明。

在高龄下层阶级男性中，初次入职时已经是下层阶级的人只占 4.2%。这是因为在高龄者初次就职的那个时代，毕业生就业市场的情况与现在完全不同。当时，从学校毕业

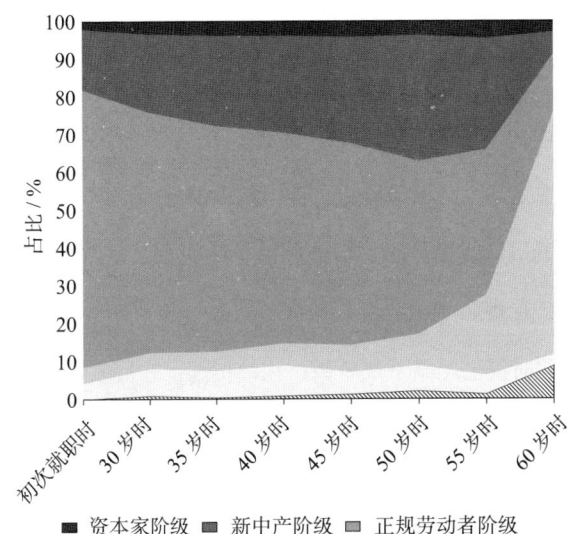

第六章 "下游老人"不断增多

图 6-1 高龄下层阶级男性的职业经历

资料来源：作者依据 2015 年 SSM 调查数据计算得出。

后进入职场的年轻人几乎都成了正式员工，所以，这一比例（4.2%）是理所当然的。此外，有73.5%的人属于正规劳动者阶级；有16%的人属于新中产阶级；有2.1%和4.2%的人分别属于资本家阶级和旧中产阶级。

之后，由于正规劳动者阶级中的一部分人升到了管理岗位等，新中产阶级的比例逐渐增加，在50岁时达到了

33.3%。与此相对，虽然下层阶级的比例也在随着年龄的增长而缓慢增加，但在50岁时，只有8.3%；而到了55岁时，大幅增加到了21.2%；在60岁时，达到了64.5%。也就是说，现在的高龄下层阶级男性中的大部分人在50岁之后都成了下层阶级的一员。与此相对，如我在第四章中所说的那样，在青年和中年下层阶级男性中，有43.4%的人在初次就职时就已经是下层阶级；在最初是正式员工的人之中，也有很多人辞职，在短时间内成了下层阶级的一员。

虽然我想从这些高龄下层阶级男性中挑出"退休后的下层阶级"，但由于每个人的经历不同，所以没有统一的方法可以进行操作。但是，如我在第三章最后所说的那样，我注意到初次就职时的企业规模与人们现在的贫困率有密切的关系，于是，我将初次就职的单位是100人以上的企业或政府机关的人（在初次就职时就已经是下层阶级的人除外）视为"退休后的下层阶级"，将除此之外的人视为"其他高龄下层阶级男性"，以此来进行区分。他们各自的特征如表6-1所示。为了进行比较，我将同样是60岁及以上的男性无业者的特征也展示了出来。

第六章 "下游老人"不断增多

表 6-1 退休后的下层阶级和其他高龄下层阶级（男性，60 岁及以上）

调查内容		退休后的下层阶级	其他高龄下层阶级	无业者
2015 年 SSM 调查中的回答者人数 / 人		145	87	752
最终学历为大学的人占比 /%		26.9	14.9	26.4
最终学历为初中的人占比 /%		9.7	41.4	26.0
初次就职时所属的阶级	资本家阶级 /%	0	5.8	1.5
	新中产阶级 /%	22.1	6.9	25.2
	正规劳动者阶级 /%	77.9	65.5	62.6
	下层阶级 /%	0	10.3	4.8
	旧中产阶级 /%	0	11.5	5.9
50 岁时所属的阶级	资本家阶级 /%	2.1	6.9	6.4
	新中产阶级 /%	42.7	20.7	40.8
	正规劳动者阶级 /%	42.7	50.6	38.1
	下层阶级 /%	6.3	10.3	3.1
	旧中产阶级	4.9	9.2	9.2
	情况不明	1.4	2.3	2.4

续表

调查内容		退休后的下层阶级	其他高龄下层阶级	无业者
迄今为止的工作单位在3个以内 /%		61.4	36.8	72.5
养老金领取率 /%		76.9	80.0	89.5
收支情况	个人年收入 / 万日元	329	240	263
	其中的养老金收入 / 万日元	124	96	209
	家庭年收入 / 万日元	492	397	409
	金融资产总额 / 万日元	948	618	1742
	每个月的生活费 / 万日元	20.8	19.2	20.9
贫困率 /%		11.8	27.9	27.4

资料来源：作者依据 2015 年 SSM 调查数据计算得出。

注：养老金收入是包括不领取养老金的人在内的平均值。

退休后无业是因为即使不工作也有足够的资产

这三个群体之间的差别十分明显。首先，让我们来了解一下成为比较对象的无业者的特征。

在无业者中,接受过高等教育的人占26.4%,以这个年龄段来说,是平均水平。初次就职时所属阶级为新中产阶级的人占25.2%,为正规劳动者阶级的人占62.6%。从退休前50岁这一时间点来看,与初次就职时相比,正规劳动者阶级的占比减少了将近25%,新中产阶级的占比增加了约15%,资本家阶级与旧中产阶级的占比合计增加了约8%。有许多人通过晋升从正规劳动者阶级转变为新中产阶级,或从公司离职后自己成为经营者。但是,从他们迄今为止工作过的单位数量来看,有72.5%的人只在不超过3个单位工作过,所以可以看出并没有很多人在自己的职场生涯中绕了远路。无论是长期在同一单位中工作,还是自己创立公司,大多数人的职业生涯都比较顺利。

在无业者中,有89.5%的人领取养老金。在他们263万日元的个人年收入中,有将近八成是养老金收入(209万日元)。虽然并不是很多,但这一数额也几乎是基础养老金的3倍,平均每月约17.4万日元。所以,养老金收入作为他们老年生活的基本保障,是一个还算说得过去的金额。此外,无业者群体的重要特征是拥有高额的金融资产（存款或股票等），平均达到了1742万日元。他们的金融资产与养老金收入一起，成了他们老年生活的保障，使他们不需要再谋求一个非正式的工作（来赚钱维持生计）。以家庭年收入为基础，计算得出他们的贫困率为27.4%，这一比例虽然不低，但因为他们还可以花自己的银行存款，所以，实际上处于贫困状态的人应该并不多。

那么，退休后的下层阶级情况如何呢？他们当中接受过高等教育的人占26.9%，几乎与无业者的这一比例相同。初中毕业的人仅占9.7%。所以，可以看出这一群体的受教育水平较高。在初次就职时，全员都是正式员工；在50岁时，仍然有85.4%的人是正式员工。与初次就职时相比，50岁时，正规劳动者阶级大约减少了35%，新中产阶级大约增加了20%。资本家阶级和旧中产阶级占7%。这些比例与无业者群体十分相似。此外，有61.4%的人迄今为止在不超过3个工作单位工作过，这一比例低于无业者群体。但是，这是因为在大多数情况下，工作过的单位数量是由退休前的工作单位上加上如今退休后作为非正式员工所工作的单

第六章 "下游老人"不断增多

位计算得出的,所以实际上,这一比例应该与无业者群体的差别不大。

如上所述,可以看出,他们虽然是职业生涯比较顺利的人,但实际上,他们老年生活的经济基础极其薄弱。这是因为他们的养老金收入只有124万日元,不足无业者群体的六成。领取养老金的人只占76.9%。为了以防万一,我将养老金领取者单独挑出来,计算了他们养老金收入的平均值。结果发现,无业者的养老金平均收入是234万日元,退休后的下层阶级的养老金平均收入是161万日元,他们之间仍存在着73万日元的差距。此外,退休后的下层阶级的金融资产平均值是948万日元,比无业者群体低了将近800万日元。作为老年生活的积蓄,这是一个让人心里没底的数额。退休后的下层阶级之所以会作为非正式员工重新开始工作,主要是因为如果只依靠养老金收入,他们将无法维持自己的生活。与无业者群体不同,他们并没有能让自己安心提取的存款数额。此外,他们每个月的生活费为20.8万日元,几乎与无业者群体相同。这是因为再加上他们作为非正式员工所赚取的收入之后,他们的生活水平可以与无业者群体达到同一水平。

但是，其他高龄下层阶级男性的经济基础更加脆弱。对此，我将在下一节中进行说明。

退休后从事不熟悉的工作

退休后的下层阶级群体从事着什么样的工作呢？他们的职业种类会因50岁时所属的阶级不同而有所差别。在50岁时是新中产阶级的人之中，事务岗位的占比较高，为47.5%；这一比例在其他阶级或群体中只有7.3%。但是，即使（50岁时）是新中产阶级的人，他们退休后所从事的工作种类也十分多样，比如熟练工种（29.5%）、保安（13.1%）等。在新中产阶级以外的人之中，熟练工种占比较多，达到了69.5%。从工作内容明确的110人的具体工作内容来看，在事务岗位以外的人之中，有"汽车司机"（22人），"（监狱的）看守、门卫、救生员"（11人），"其他劳务工作者"（9人），"清洁工"（8人），"销售员"（6人），"公寓管理员或宿舍管理员"、"其他服务业从业者"、"普通机器组装工和修理工"、"仓库管理员"、"码头搬运工"、"搬运工"（各3人）等。确实，当在街上走过时，经常能在上述这些岗位中看到高龄男性的身影。

虽然他们为了维持生计，在退休后成了非正式员工，但他们对于生活的满意度并不低。关于这件事，我想我有必要进行说明。在退休的下层阶级中，回答对生活感到满意的人占70.3%，虽然这一比例远不及同一年龄段的资本家阶级（89.4%）和新中产阶级（89.5），但高于正规劳动者阶级（62.1%），并与无业者群体（70.1%）基本持平。退休后的下层阶级群体的家庭年收入为492万日元，贫困率较低，为11.8%。虽然他们的生活基础脆弱，但是，他们能够通过适当的劳动赚取收入，使自己的生活变得稍微富裕一些，并过上自己满意的生活。

2. 中年下层阶级未来的模样

比退休后的下层阶级经济基础更脆弱的是其他高龄下层阶级男性。让我们再来看一下表6-1。在其他高龄下层阶级男性中，接受过高等教育的人只占14.9%，初中毕业生占41.4%。由此可见，这一群体的受教育水平很低。此外，初次就职时就已经是下层阶级的人较少，占10.3%，这一比例到了他们50岁时仍然没有改变，所以，其实并没有很多人是在职业生涯的中途掉入了下层阶级。但是，初次就职时是新中产阶级的人仅占6.9%，到了50岁时，是新中产阶级的人也只有20.7%。迄今为止，工作单位不超过3个的人占36.8%，这一比例比退休后的下层阶级和无业者群体低很多，换工作次数多的人所占比例很高。在这种意义上，可以说与无业者和退休后的下层阶级相比，他们在阶层上处于较低的位置。

在50岁时，属于资本家阶级的人占6.9%，属于旧中产阶级的人占9.2%，合计达到了16.1%。那么，本应该是企业经营者的他们，为什么会流入下层阶级呢？实际上，在这些人之中，有六成以上的人都在50岁时以"破产、停业、裁员"或"年龄"为由而选择了离职。由此可以看出，他们是因无法继续经营自己的公司或店铺等而流入了下层阶级。

因此，他们的养老金收入很少，平均只有96万日元。即使将范围限定在领取养老金的人之中，他们的平均养老金收入也只有120万日元，这些养老金完全无法支撑他们的老年生活。而且，他们的金融资产平均只有618万日元，是无业者的1/3左右，所以，他们并不处于能安心使用存款的状态。因此，他们才不得已在退休后成了非正式员工。养老金收入本应成为他们老年生活的保障，但是，因为他们的养老金收入很低，所以即使再加上他们作为非正式员工赚取的收入，他们的家庭年收入也依旧低于无业者群体，且贫困率高达27.9%。此外，他们每个月的生活费为19.2万日元，比无业者群体和退休后的下层阶级要少将近2万日元。他们的居住情况也很有特点，居住在自有房产中的人较少，占73.3%（无业者87.4%，退休后的下层阶级85.5%）。在他们之中，有15.1%的人居住在自己租的房子中，有11.6%的人居住在公营住宅中。

在他们现在所从事的职业中，占比最多的是熟练工种，占62.1%；其次是农林渔业，占10.3%；事务岗位和销售岗位占8%。从工作内容明确的87人的具体工作内容来看，有"汽车司机"（9人）、"其他劳务工作者"（8人）、"清洁工"（7人）、"销售员"（6人）、"搬运工"（6人），"总务和企划事务员""（监狱的）看守、门卫、救生员""植树者、造园师""土木工人、铁路工人"（各4人）等。虽然在除事务岗位之外的工作种类中，他们与退休后的下层阶级之间存在着共通点。但是，他们所从事的大多是"其他劳务工作者""搬运工""土木工人、铁路工人"等类型的工作，而这一类型的工作大多是由传统的日雇用劳动者所承担的、下层性很强的工作。

青年和中年下层阶级将来生活的上限

关于现在的青年和中年下层阶级男性将来会过着什么样的生活，我们可以从如今这些高龄下层阶级男性的现状之中得到许多启发。他们的养老金收入是96万日元，与满额基础养老金[①]相比，只多了20万日元。此外，他们的金

[①] 基础养老金是指日本全体国民共同的最低保障养老金，与本书中所提到的"养老金"不是同一个。——译者注

融资产也很少。但是，反过来看，与无法确定能否领取基础养老金的现在的青年和中年下层阶级相比，他们也算得上是受到恩惠的一个群体了。在某种意义上，可以说这些高龄下层阶级展示了如今青年和中年下层阶级将来的生活，也就是所谓的"上限"。

如上所述，虽然他们与退休后的下层阶级相比，下层性更强，但令人感到意外的是，他们对于生活的满意度并不低。回答对生活感到满意的人占75.9%，比退休后的下层阶级的满意度还要高一些，并且还超过了正规劳动者阶级（62.1%）和无业者群体（70.1%）。他们对于工作内容和工作收入的满意度高于60岁以下的下层阶级男性，这是理所当然的。但他们的满意度与正规劳动者阶级和退休后的下层阶级相比也毫不逊色。

长期以来，虽然说是正式雇用，但主要作为下层劳动者工作的他们，也许已经接受并适应了自己处于社会下层的现状。正如加尔布雷思所指出的那样，我们舒适的工作空间和生活空间是由下层阶级的劳动来支撑的，且其中绝大部分都属于这种高龄下层阶级。

虽然我们不能无视退休后的下层阶级男性和其他高龄下层阶级男性之间的差别，但是，因为他们的养老金和存款都很少，所以，在"退休后也要作为非正式员工继续工作"这一点上是相同的。藤田孝典以NPO（非营利组织）为据点，以社会福利工作者的身份活跃于社会中。他将"以相当于生活保障标准的状态在生活的老年人以及有可能面临这种情况的老年人"称为"下游老人"，并指出，"下游老人"的数量预计达到了600万—700万人。此外，由于养老金收入减少、护理保险费增加、生活费上涨，这些老年人处于为了生存不得不工作的状态下。这样一来，日本就正在变成一个"如果不工作到死就无法生存的社会"（《下游老人》《下游老人续》）。可以说，这些高龄下层阶级男性，是日本现状的象征。

3. 高龄下层阶级女性

关于高龄下层阶级女性的家庭构成、家庭收支以及工作经历，我在第五章中曾简单地提过。在这一节中，我想再确认一下其中的要点。在高龄下层阶级女性中，独自生活的人约占半数；与子女同住的人约占四成。这两类群体的家庭收支情况完全不同。在独自生活的群体中，她们的平均养老金收入为91万日元，再加上她们作为非正式员工所赚取的收入，平均个人年收入达到了201万日元，但是她们的贫困率却高达30.3%。与此相对，在与子女同住的群体中，加上78万日元的养老金，她们的平均个人年收入为182万日元，包含同住子女收入在内的家庭年收入达到了592万日元，她们的贫困率为0。在与子女同住的下层阶级女性中，也许包含了被称为"逆-寄生单身者"的女性群体。

虽说如此，但这么大年纪还在作为非正式员工工作，她们应该会有自己的理由。让我们来更详细地看一下。在对高龄下层阶级男性进行讨论时，我将无业者作为他们的比较对象。但是在下层阶级女性中，我认为应该将无业女性分为专业主妇（有配偶的无业女性）和其他无业者（无配偶的无业女性），分别进行讨论（见表6-2）。

表 6-2 高龄下层阶级的特征（女性，60 岁及以上）

调查内容	高龄下层阶级	专业主妇	其他无业者
接受过高等教育的人所占比例 /%	7.7	15.6	9.3
最终学历是初中的人占比 /%	37.2	27.6	39.1
养老金领取率 /%	85.3	83.9	93.3
个人年收入 / 万日元	193	96	157
其中的养老金收入 / 万日元	81	76	131
家庭年收入 / 万日元	312	458	247
金融资产总额 / 万日元	501	1832	1056
每个月的生活费 / 万日元	16.1	21.1	14.9
贫困率 /%	24.0	24.3	43.1

资料来源：作者依据 2015 年 SSM 调查数据计算得出。

注：养老金收入是包含不领取养老金的人在内的平均值。

在高龄下层阶级女性中，接受过高等教育的人很少，仅占 7.7%，这一比例大幅低于专业主妇（15.6%）。初中毕业的人很多，占 37.2%，与其他无业女性群体差距不大。

在她们之中，虽然有 85.3% 的人领取养老金，但是养老金的平均金额只有 81 万日元。即使只将领取养老金收入的人作为统计对象，她们的平均养老金收入也只有 95 万日元。这样的话，她们是无法维持生计的。与此相对，在其他无业女性中，有 93.3% 的人领取养老金，其平均金额为 131 万日元，如果只将领取养老金收入的人作为统计对象，那么她们的平均养老金收入可以达到 141 万日元。养老金数额的不同决定了她们在成为老年人之后是否会继续工作。此外，关于家庭的金融资产总额，在专业主妇这一群体中，达到了 1832 万日元；在无业女性中也达到了 1056 万日元。与此相对，高龄下层阶级女性的家庭金融资产总额只有 501 万日元。对她们而言，不仅养老金收入很少，而且没有用来补贴家用的存款，这似乎是她们作为非正式员工继续工作的原因。这种情况在高龄下层阶级男性中也是一样的。但是，即便有作为非正式员工所赚取的收入，她们的家庭收支也不容乐观。她们每个月的生活费是 16.1 万日元，虽说与无业女性群体相比高了约 1 万日元,但是与专业主妇相比却少了 5 万日元。

同住与独自生活的差别

那么,在与子女同住的人和独自生活的人之中,她们的情况存在多大程度的差异呢?表 6-3 对其进行了比较。为了更直观地进行比较,表 6-3 也展示了无业女性群体的相关数据。

表 6-3 高龄下层阶级:独自生活和与子女同住(女性,60 岁及以上)

调查内容	下层阶级		无业者	
	独自生活	与子女同住	独自生活	与子女同住
个人年收入 / 万日元	201	182	173	142
其中的养老金收入 / 万日元	91	78	138	127
家庭年收入 / 万日元	205	592	179	403
金融资产总额 / 万日元	403	584	1351	770

第六章 "下游老人"不断增多

续表

调查内容	下层阶级		无业者	
	独自生活	与子女同住	独自生活	与子女同住
每个月的生活费/万日元	11.5	22.0	12.3	17.5
贫困率/%	30.3	0	49.0	29.3

资料来源：作者依据2015年SSM调查数据计算得出。

注：养老金收入是包含不领取养老金的人在内的平均值。

实际上，独自生活的高龄下层阶级女性生活得十分节俭。她们每个月的生活费只有11.5万日元，也就是每年有138万日元的生活费，这一数额大幅低于她们的总收入。但是，因为这一设问中附加了"除特别的支出以外"这一前提，所以，并不是说她们每年实际上只花费138万日元。但是依然可以由此窥见她们为了不使用存款而省吃俭用的情况。

那么，在与子女同住的人之中，情况又如何呢？她们的家庭年收入为592万日元，乍一看会觉得好像很多，但这是因为其中包含了母亲的收入（养老金收入和作为非正式员工所赚取的收入）在内。在扣除母亲的收入后，她们的家庭年收入只剩下410万日元，很难说这是一个较高的数额。此外，她们的金融资产很少，只有584万日元，其中还包括从去世的丈夫那里继承的积蓄，所以，可以说子女本人的金融资产极少。此外，她们每个月的生活费是22.0万日元，由此可以看出她们的生活应该并不轻松。如果再加上孙辈的教育费用，那么她们的生活会变得更加辛苦。因此，可能有很多与子女同住的高龄下层阶级女性是在了解了子女的辛苦后，选择了出去工作。为了确认这一点，让我们来看一下她们的家庭收入贡献率。在她们之中，本人（指母亲）的家庭收入贡献率低于25%，有寄生于子女的可能性的母亲只占23.1%；有30.8%的母亲的家庭收入贡献率超过了50%。在这次调查中，由于没有询问子女的就业状态，所以并不清楚子女就业的实际情况。但应该有很多母亲在用自己作为非正式员工所赚取的收入来养活处于失业状态或下层阶级的子女。

接下来让我们来看一下无业女性的情况。独自生活的无业女性的养老金收入有138万日元，包含养老金收入在内的个人年收入有173万日元。此外，她们的金融资产总额达到了1351万日元。也许正因为如此，她们可以独自生活，不需要依赖子女。虽然她们的贫困率高达49.0%，但这是根据不包括存款在内的收入计算得出的结果，所以，实际上贫困的人所占的比例应该会低于这一数值。此外，她们每个月的生活费比独自生活的下层阶级多8000日元。从这一点上也能看出，她们实际的生活并不像贫困率所显示的那么贫困。

与此相对，与子女同住的无业女性在经济上则十分窘迫。她们的养老金收入很高，有127万日元，包含养老金收入在内的个人年收入有142万日元；但她们的家庭年收入却只有403万日元。也就是说，子女等其他家人的收入只有260万日元左右。她们的贫困率高达29.3%。我在详细地统计了她们的家庭收支情况之后，得到了令人十分惊讶的数据。在她们之中，她们本人的家庭收入贡献率是100%，即无业母亲的养老金等收入是家庭收入的全部，这种情况所占的比例达到了20.6%；如果再加上家庭收入贡献率在50%以上的人，那么这一比例将达到41.3%。由此可见，在她们之中，可能有许多母亲在用自己的养老金收入来养活处于失业状态或下层阶级的子女。[1]

对于生活的满意度和幸福感也呈现出多样的结果

那么，她们如何看待自己现在的生活呢？图6-2显示了高龄下层阶级女性因是否与家人同住以及配偶关系的不同而产生的不同结果。

从图中，我们可以清楚地看出高龄专业主妇有多幸福。在她们之中，对生活感到满意的人超过了80%，有56.5%的人认为自己是幸福的。对于自己在社会中所处的位置，只有14.2%的人认为自己处于"下层上游"或"下层下游"（有"下层"意识的人）。在无业女性中，只有"幸福感"这一项的比例接近专业主妇，除此之外还存在很大差距。

与此相对，高龄下层阶级女性与专业主妇和无业女性相比，无论是生活满意度还是幸福感，都很低，并且在她们这一群体内部也存在很大差距。认为自己不幸福的人，在未婚女性中占比最多。她们（未婚女性）是在未婚的状态下，主要作为下层阶级持续工作到老年的女性群体。如我

第六章 "下游老人"不断增多

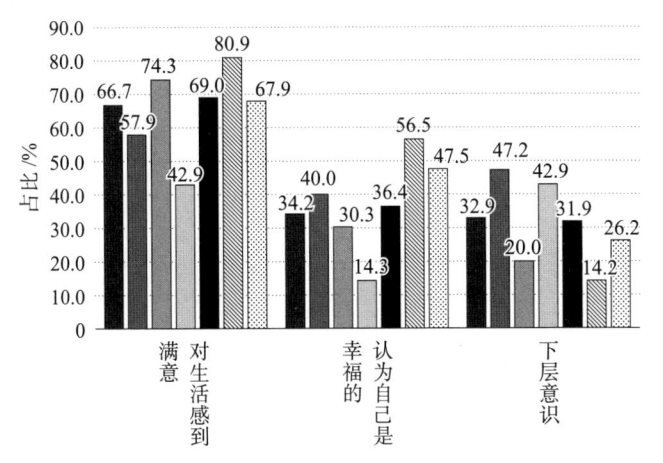

图表数据：

- 对生活感到满意：下层阶级 66.7，没有家人同住 57.9，与子女同住 74.3，未婚 42.9，离婚或丧偶 69.0，（参考）专业主妇 80.9，（参考）无业者 67.9
- 认为自己是幸福的：下层阶级 34.2，没有家人同住 40.0，与子女同住 30.3，未婚 14.3，离婚或丧偶 36.4，（参考）专业主妇 56.5，（参考）无业者 47.5
- 下层意识：下层阶级 32.9，没有家人同住 47.2，与子女同住 20.0，未婚 42.9，离婚或丧偶 31.9，（参考）专业主妇 14.2，（参考）无业者 26.2

■ 下层阶级　■ 没有家人同住　■ 与子女同住　■ 未婚
■ 离婚或丧偶　■（参考）专业主妇　■（参考）无业者

图6-2　高龄下层阶级的意识（女性，60岁及以上）

资料来源：作者依据2015年SSM调查数据计算得出。

注："对生活感到满意"是"满意"和"比较满意"的合计。"认为自己是幸福的"是0—10分（满分为10分）中，选择7分以上者所占的比例。"下层意识"是在"上""中上""中下""下层上游""下层下游"中回答"下层上游"和"下层下游"的人所占的比例。

先前所说，因为未婚的高龄下层阶级女性人数很少，所以，在统计上很可能存在误差。在她们之中，认为自己幸福的人只占14.3%；对于生活感到满意的人也只占42.9%；有42.9%的人有"下层"意识。与此相比，离婚或丧偶的女性似乎更容易感到满足和幸福。

不与家人同住的女性和与子女同住的女性之间存在一些微妙的差别。在不与家人同住的高龄下层阶级女性中，有许多人对生活的满意度低，且具有"下层"意识。但不知为何，她们的幸福感并不低。这也许是因为与男性群体不同，她们擅长做家务，所以，即使贫穷却依然能在日常生活中发现幸福。与子女同住的高龄下层阶级女性则正好与之相反。她们对于生活的满意度高、具有"下层"意识的人也很少。但是，她们的幸福感却不如独自生活的女性群体高。这可能是因为她们在日常生活中会顾虑到自己的子女以及子女的配偶。

关于下层阶级女性的未来，我们可以从上述内容中得到许多启示。如我在上一章中所讲的那样，下层阶级女性可以分为两种类型。第一种是被学校教育排斥或者就业失败，在未婚的状态下流入下层阶级的女性群体；第二种是正常地就职、正常地结婚，曾一度成为平凡的主妇，但是却在经历了离婚或丧偶后流入下层阶级的女性群体。从高龄下层阶级女性的情况来看，后者过着"对现在的生活感到满

第六章 "下游老人"不断增多

意和幸福"的老年生活，前者却并非如此。而且，在"非正式员工不断增多、青年下层阶级激增"的趋势下，将来可能无法避免未婚高龄下层阶级女性的数量激增这一现象。在这一节中，我们所看到的女性群体的现状暗示了她们之后的样子。

注：

1.但是在上述结果中，还有需要补充的内容。在与高龄母亲同住的子女中，能将自己的收入或资产如实地告诉母亲的人并不多。即便是在调查中询问了这一问题，他们也并不一定会如实回答。实际上，关于"与子女同住的单身高龄女性群体的家庭年收入"这一设问的回答率并不高。因此，在上述的回答中，可能会大量存在这样一种情况：子女的收入或资产很少，他们将这一事情告诉了母亲，并向母亲请求帮助。如果是这样的话，那么，家庭收入贡献率超过50%的高龄下层阶级女性以及高龄无业女性的比例等的实际情况会低于统计值。但是，即使实际情况低于统计值，也达到了一个很高的比例，这是毫无疑问的。

第七章

下层阶级的邻居——「失业者与无业者」

在本书中，我将劳动者阶级中除兼职主妇之外的非正式员工称为下层阶级。如果依据这一定义，那么失业者与无业者并没有所属的阶级，他们不能算作下层阶级的一员。但是，在现实中，有一部分失业者的身份一直在非正式员工与失业者之间来回转换①。所以实际上，这些人很接近下层阶级，可以说他们是下层阶级的邻居。在本章中，我将主要使用2016年首都圈调查的数据来进行说明。

1. 被低估的失业现状

与下层阶级相邻的失业者与无业者群体到底有多少人呢？首先，让我们来看一下与就业状态和失业情况相关的

---

① 他们可能会在刚找到工作没多久之后再次失业，于是又继续找工作，如此往复。——译者注

第七章 下层阶级的邻居——"失业者与无业者"

统计吧。

据"劳动力调查"结果显示,在 2010 年之后,日本的失业率持续降低,2017 年的完全失业率为 2.8%,完全失业人数为 190 万人。但是,在日本的统计中所说的完全失业者是指同时满足如下 3 个条件的人:①没有工作,在接受调查期间的一周内一点儿工作也没做;②如果找到工作,就可以立刻入职;③在接受调查期间的一周内,已经做好了找工作或开始创业的准备。

这是非常严苛的条件。根据条件①可知,哪怕是为了赚日薪而工作了一小时,他们也不再算是失业者。根据条件②可知,身体状况不佳、无法立刻开始工作的人,也不被包含在失业者中。如果找了很久都没有找到工作,有一部分人可能会暂时停止找工作或者失去找工作的欲望。那么,这一部分人就不符合条件③,所以他们也不能被算作失业者。因此,有许多人指出,政府公布的失业率低估了失业的现实。

那么,无业且现在正在找工作的人以及从未就业过的人等,这些无业者的数量到底有多少呢?因为我们的目的是推算与下层阶级相邻的无业者数量,所以,将就业状态还不确定的21世纪第2个10年的年轻人以及已经引退或正在引退的老年人包含在内是不合适的。而且,因为专业主妇并非与下层阶级相邻,所以也不将她们包含在内。此外,也不包含上学的学生以及专门做家务的人。在劳动力调查中,将既不是就业者也不是完全失业者的人称为"非劳动力人口",并将其分为"上学""做家务""其他"三类。现在,让我们来关注一下"其他"的人数。

2017年的劳动力调查结果显示,在符合条件的20—59岁的完全失业者中,男性有88万人,无配偶女性有39万人(未婚33万人,离婚或丧偶6万人)。同样,在除"上学""做家务"之外的非劳动力人口(即"其他")中,男性有111万人,无配偶女性有45万人(未婚37万人,离婚或丧偶8万人),合计为283万人(见表7-1)。20—59岁的总人口数为6216万,所以,这一群体占总人口数的4.6%。虽然他们之中有七成是男性,但是,在女性无业者中,可能会有人将自己现在的状态回答为"做家务",所以,实际上女性的比例应该会高于统计值。但是无论怎么说,这都是一个庞大的数字。

表 7-1 男性失业者、无业者，无配偶女性失业者、无业者
（20—59 岁）

单位：万人

人群	男性	女性			合计
		未婚	离婚或丧偶	合计	
完全失业者	88	33	6	39	127
非劳动力/其他	111	37	8	45	156
合计	199	70	14	84	283

资料来源：作者依据"劳动力调查"（2017 年）整理而成。

2. 成长经历、职业经历与现状

那么，让我们通过 2016 年首都圈调查数据，来看一下这些人的成长经历、职业经历与现状等。在这一调查的回答者中，失业者和无业者共有 61 人（占 60 岁以下回答者总数的 3.4%）。

图7-1展示了他们的基本属性。在失业者和无业者中,男性与女性的比例基本相同。他们的年龄分布范围很广,其中占比最多的是40—49岁这一年龄段,其次是20—29岁这一年龄段。失业者和无业者在20—29岁这一年龄段中人数较多,是因为有许多刚毕业还没开始工作的年轻人;在40—49岁这一年龄段中人数最多,可能是因为其中包含了许多就业冰河期时代的人。在学历方面,在失业者和无业者中,有45.9%的人接受过大学教育,有14.8%的人是初中学历。但是,在学历方面,男女之间存在差别,男性的学历明显低于女性。从配偶关系来看,有83.6%的人是未婚者,这一比例甚至比下层阶级中的未婚者比例还要高出许多。此外,男性未婚者的比例稍高于女性,但即使是在女性中,未婚者所占比例也超过了八成。在失业者和无业者中,离婚或丧偶者的比例为14.8%;有配偶者在男性中只有1人。正在找工作的人占44.3%,这一比例在男性中稍微高一些;从未就业的人占18.0%,实际人数是11人,在20—29岁这一年龄段中有7人,剩下的4人处于40—49岁这一年龄段。

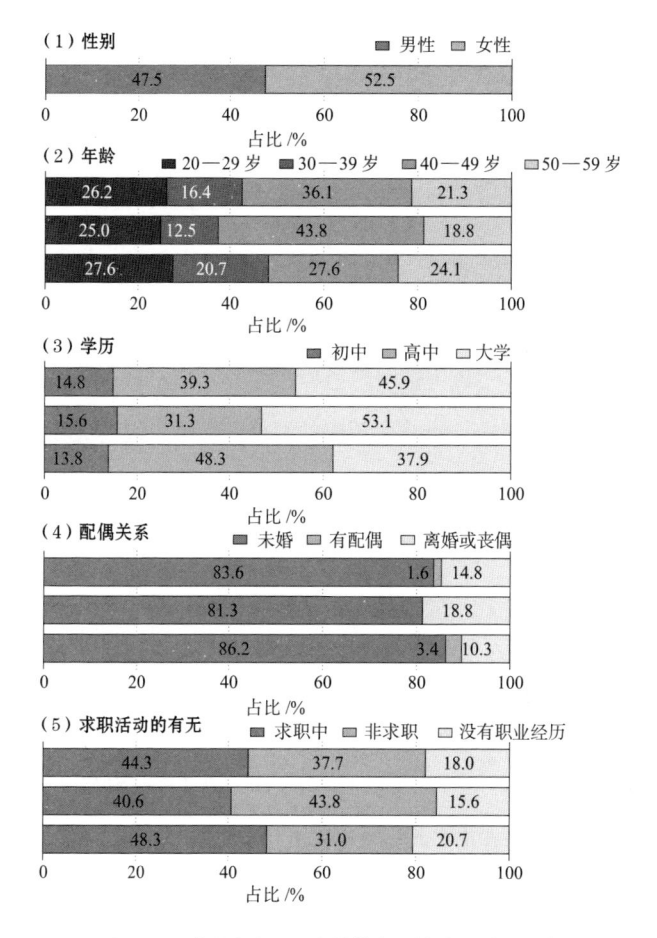

第七章　下层阶级的邻居——"失业者与无业者"

（1）性别

男性	女性
47.5	52.5

（2）年龄（20—29岁／30—39岁／40—49岁／50—59岁）

20—29岁	30—39岁	40—49岁	50—59岁
26.2	16.4	36.1	21.3
25.0	12.5	43.8	18.8
27.6	20.7	27.6	24.1

（3）学历

初中	高中	大学
14.8	39.3	45.9
15.6	31.3	53.1
13.8	48.3	37.9

（4）配偶关系

未婚	有配偶	离婚或丧偶
83.6	1.6	14.8
81.3		18.8
86.2	3.4	10.3

（5）求职活动的有无

求职中	非求职	没有职业经历
44.3	37.7	18.0
40.6	43.8	15.6
48.3	31.0	20.7

图 7-1　失业者和无业者的基本属性（60岁以下）

资料来源：作者依据2016年首都圈调查数据制成此表。（原书如此，部分类目总和不为1。）

注："求职中"是指"正在找工作"的人所占的比例。

在下层阶级周围、生活状况严峻的人

仅观察上述数字,应该也能想象出失业者和无业者的情况比下层阶级还要严峻。但在此之前,让我们先来看一下他们的经历。图7-2显示了他们在从事上一份工作时所属的阶级,其中包含了没有就业经历的人。由图7-2可知,在他们从事上一份工作时所属的阶级占比中,最多的是下层阶级(41.0%)。如我所预想的那样,下层阶级与失业者和无业者之间的身份转换非常频繁。除此之外,正规劳动者阶级的占比高达23.0%;新中产阶级只占6.6%。通过调查曾有过就业经历的人换工作的次数发现,其中没有换过工作的有8人,换过1次工作的有5人,换过2次工作的有5人,换工作次数超过3次的有30人,换工作次数超过5次的有14人,换工作次数超过10次的有4人。由此可见,在他们之中,有很多人经常更换工作。

图7-3显示的是他们离开学校后或辞去上一份工作后的无业期的情况。无业期在1年以内和1—3年的人分别占1/4左右,即无业期较短的人约占半数。无业期为4—9年的人

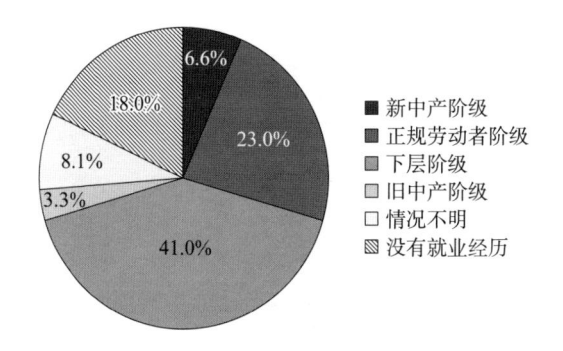

第七章 下层阶级的邻居——"失业者与无业者"

图 7-2 失业者和无业者的上一份工作

资料来源：作者依据 2016 年首都圈调查数据计算得出。

注：由于不清楚他们在从事上一份工作时的配偶关系，所以，在下层阶级女性中，有一部分人当时可能是兼职主妇。

占 26.2%；超过 10 年的人占 14.8%，由此可见，许多人的无业期相当长。表 7-2 显示了他们辞去上一份工作的原因。其中，最多的是"健康方面的原因"，有 12 人；其次是"对职场感到不满"，有 10 人；由于"收入少""工作时间长""黑心企业"等常见的职场问题而辞职的人达到了 11 人。此外，有 5 人回答"破产、停业、裁员等"，其中 4 人是高中毕业；有 4 人回答"退休、合同到期等"，其中 3 人是 30—35 岁的男性；有 4 人回答"家庭方面的原因"，这 4 人都是女性。

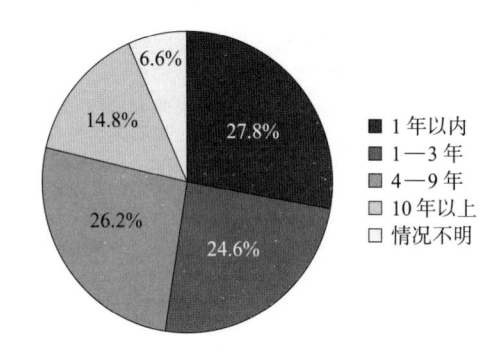

图 7-3　失业者和无业者的无业期

资料来源：作者依据 2016 年首都圈调查数据计算得出。

表 7-2　失业者和无业者辞去上一份工作的原因统计

原因	人数/人
健康方面的原因	12
对职场感到不满	10
破产、停业、裁员等	5
退休、合同到期等	4
家庭方面的原因（结婚、育儿、护理老人等）	4
收入少	2
工作时间长	2
其他，比如（就职的企业是）黑心企业、想从事别的工作、想自己独立开商店等	7

资料来源：作者依据 2016 年首都圈调查得出。

第七章 下层阶级的邻居——"失业者与无业者"

图 7-4 针对成长经历、学校经历以及现在的健康状况等,将失业者和无业者与其他人进行了比较。在失业者和无业者中,初中毕业前父母离婚的人占 13.3%,这一比例大幅高于其他群体,即使与下层阶级相比,也高出将近两倍。顺便说一句,回答"经常遭受父母的暴力行为"的人

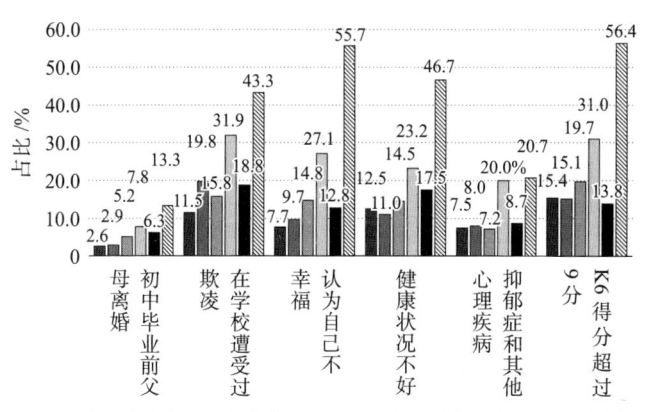

图 7-4 失业者和无业者的特征(男女,60 岁以下)

资料来源:作者依据 2016 年首都圈调查数据计算得出。

注:"认为自己不幸福"是"认为自己不怎么幸福"和"认为自己完全不幸福"的合计。"健康状况不好"是"健康状况不怎么好"和"健康状况非常不好"的合计。"抑郁症和其他心理疾病"是接受过诊断或治疗的人所占的比例。

占13.3%，是整体平均值（3.9%）的三倍以上。在学校遭受过欺凌的人占43.3%，超过了整体平均值（19.8%）的2倍，即使与下层阶级相比，也多了10%以上。

在失业者和无业者中，"认为自己不幸福"的人占55.7%。这一比例超过了整体平均值（13.4%）的4倍，即使是在下层阶级中，这一比例也只有27.1%。此外，在失业者和无业者中，健康状况不好的人占46.7%，是其他群体的三四倍，即使与下层阶级相比，也达到了他们的2倍以上。因抑郁症以及其他心理疾病而接受过诊断或治疗的人占20.7%，这一比例基本与下层阶级持平，但是，代表抑郁倾向的K6得分超过9分的人所占的比例达到了56.4%。

在这个调查中，一共列举了"自治会、町内会""志愿者团体、市民活动、非营利组织（NPO）""校友会""兴趣或体育团体""其他"等9种团体，当询问受访者是否参加了这些团体时，结果如我所预想的那样，参加的人很少。比如，参加"兴趣或体育团体"的人，整体平均占比为24.3%，在下层阶级中的占比为13.4%，但在失业者和无业者中，只有6.7%的人参加。参加"校友会"的人，整体平均占比为13.3%,在下层阶级中的占比为9.2%,但在失业者和无业者中,只有1.7%(61人中只有1人)的人参加。这可能是因为他们在学校遭受过欺凌。在失业者和无业者中,一项也没参加的人占81.7%,而这一比例的整体平均值为46%。

如上所述,失业者和无业者在生活中远离职场以及职场以外的社会活动。他们无论是身体上还是精神上都存在许多问题,生活得并不幸福。他们是生活在下层阶级周围、生活状况严峻的群体。

3. 失业者与无业者的真实模样

2016年首都圈调查采用的是问卷调查的方式。因为调查问卷中对于受访者本人的原生家庭、小时候的事情、职业经历、现在的生活状态等,进行了详细询问,所以,我们能够通过调查结果详细地描绘出受访者的真实模样。接下来,让我们来看几个失业者和无业者的典型事例。事例中会包含一部分基于受访者的回答所作的推测。此外，关于配偶关系，如果没有进行特别说明的话，则默认是没有过结婚经历的未婚者。

事例1 东京都20多岁男性

他出生于东京的平民区。小时候，父母离婚，母亲兼职打工，家里十分贫穷，但他在学校的成绩很好。现在，他和母亲、姐姐一起住在民间租赁住宅中。从职业高中毕业后，他作为正式员工就职于信用金库，在事务岗位工作。但出于身体原因，他在4年后选择了离职。后来经人介绍，他开始在亲戚经营的小型企业中从事机器维修的工作。但因为对职场感到不满，工作了4个月便离职了。现在他正在找工作。他曾接受过抑郁症等心理疾病的诊断和治疗。他本人没有收入，他的家庭年收入也只有不到200万日元。

他认为自己在日本社会中处于"下层下游"，并认为自己属于贫困阶层。但是在他看来，自己之所以变得贫困是因为没有努力，而不是因为社会机制存在问题。他只有2位关系亲密的朋友。他没有加入任何团体（包括兴趣或体育

第七章 下层阶级的邻居——"失业者与无业者"

团体等在内），也不和邻居交往。

事例2 神奈川县30多岁男性

他出生于神奈川县的一处老宅区，最近搬到了神奈川县的民间租赁住宅。他与许多邻居产生过纠纷，后来由于被邻居恐吓，就又搬走了，现在是独自生活的状态。小时候，父母离婚，他由在小酒馆工作的母亲抚养长大。在孩童时代，他在学校遭受过欺凌，也曾有过不去学校上学的经历。初中毕业后不久，经学校介绍，开始以正式员工的身份就职于某餐厅。但是，由于与同事发生纠纷，他在工作3年后选择了离职，现在是无业状态，并且还没有开始找工作。他曾经接受过高血压和抑郁症等疾病的诊断和治疗。如今，他几乎每天都处于心情低落的状态。

他认为自己属于贫困阶层，与事例1中的人一样，他也认为自己之所以变得贫困是因为没有努力，而不是因为社会机制存在问题。但是在他看来，政府应该通过对富裕阶层增加税收等来提高贫困阶层的福利待遇。他的理由是，如果存在生活困难的人，国家就应该负责照顾他们。他只有1位关系亲密的朋友,且没有加入任何团体。他与周围的邻居只是点头之交。他现在享受着国家提供的生活保障,每年有150多万日元的收入。但是,无论是对于家庭收支的情况,还是对于将来的生活,他都感到十分不安。

事例3 东京都40多岁男性

他出生于东京的平民区。因为无法再在家里待下去,所以不久前搬去了东京的其他地方。虽然不清楚具体的原因,但好像是由于他和在小酒馆工作的母亲关系恶化。在小时候,他曾遭受过父母(后来离婚)的家庭暴力,而且,经常被父母忽视,比如不给他做饭或准备衣物等。他还曾经拒绝上学。虽然他是初中学历,但从未就职过。这似乎主要是心理上的原因导致的,他曾接受过抑郁症等心理疾病的诊断和治疗,甚至在"感到焦躁""感到绝望""觉得自己是一无是处的人"等测试抑郁状态的设问中,全部回答了"总是"。

他认为自己处于日本社会的"下层下游",并且属于贫困阶层。与上述的事例稍有不同,在他看来,变得贫困并

第七章　下层阶级的邻居——"失业者与无业者"

不一定是因为没有努力。另一方面，在他身上存在着一种排外主义。

他在过去一年间的收入超过了100万日元，他没有任何金融资产。据我推测，他应该也享受着国家提供的生活保障。他过着节衣缩食的生活。他没有关系亲密的家人或亲属，也没有关系亲密的朋友。他没有参加任何团体，也完全不和邻居交往。

事例4　东京都40多岁男性

他出生于东京的平民区，与父母和姐姐居住在一起。他父亲就职于一家中小企业，他原本住在父亲公司提供的员工宿舍，但由于父亲退休，他不得不搬离父亲的员工宿舍。现在，他住在租的房子里。在他小时候，虽然在学校遭受过欺凌，但他的生活还算正常，成绩也很普通。在从东京都内的一所工业高中毕业后，他作为正式员工就职于某大型企业的工厂。但由于对职场感到不满，不到3年就辞职了。他在短时间内换了两次工作之后，开始在某建筑业的中小企业里兼职打工，就这样工作了13年。后来公司破产，他也因此成了无业者。到现在为止，他已经十几年没有工作了，但他现在还在继续找工作。他的健康状况没有问题，精神状态也基本稳定，没有发现他有抑郁倾向。

他认为自己在日本社会中处于"下层下游"，并且认为自己在所处的地区中也处于"下层下游"。虽然现在他并不认为自己是贫困阶层，但他感觉自己有陷入贫困的可能。他对于政治毫不关心，无论哪个政党或政治家，他都没有特别喜欢或讨厌，他也没有认真地思考过政府的政策。

他自己没有收入，家庭年收入也只有150万日元左右。与以前相比，他的生活明显变得更辛苦了。他对于饮食费用、医疗费用、社交费用、娱乐费用等所有支出都是能省则省。他对于家庭收支情况、家人和自己的健康以及将来的生活等，都感到强烈的不安，但即便如此，当被问到"你认为自己幸福吗"的时候，他回答说"还算幸福"。他与家人之间的关系和睦，有2位关系亲密的朋友在身边。他没有参加任何团体，也完全不和邻居交往。

第七章 下层阶级的邻居——"失业者与无业者"

事例5 东京都20多岁女性

她出生、成长于东京都内,直到现在一直和家人居住在一起。小时候,她的父亲在私营企业中工作,她的母亲在外面兼职从事收银工作。她在学校曾遭受过欺凌,也有过不去上学的经历。她毕业于通信制高中。毕业后作为兼职员工开始工作,但没多久就因为这份工作损害身体健康而选择了离职。在这之后,她又经历了几次离职。在不久前,她开始作为派遣社员从事搬运商品的工作,但也是因健康状况不佳,在工作了几个月后辞职了。她意识到自己的健康状况不佳,也因此经常陷入情绪低落的状态。但是,她没有接受过抑郁症等心理疾病的诊断和治疗。

她认为自己在日本社会中处于"下层下游",并认为自己属于贫困阶层。在她看来,人们变得贫困不只是因为不努力,还因为社会机制存在问题。此外,她认为现在的日本社会贫富差距悬殊,政府优待富裕阶层,与其这样,不如对富裕阶层进行增税,以此来提高贫困阶层的福利待遇。她和家人的关系和睦,但是只有1位关系亲密的朋友。她没有参加任何团体，与邻居只是点头之交。

事例6 东京都30多岁女性

她出生、成长于东京都内，之前一直与家人居住在一起。但是，最近因为她成了单身妈妈，为了自立，她搬到了家附近的民间租赁住宅中居住。她小时候的成绩十分普通，在学校没有遭受过欺凌等。她的父亲是中型企业的管理人员，她的母亲也曾作为正式员工参加过工作，所以，当时她的家庭还算比较富裕。

从短期大学毕业后，她开始以合同工的身份在自己当时喜欢的服装行业的一家零售店内工作，并且一度成了店长。但在工作8年后，她因家庭因素而不得不选择了辞职。辞职不久后，她又开始作为派遣社员在超市工作，但这次也是因为家庭的原因，她在3年后选择了辞职。在无业期间，她生了一个女儿，现在她正在一边带孩子一边找工作。她的健康状况正常，精神状态也比较稳定，但她认为自己的生活状况正在恶化，并认为自己属于贫困阶层。此外，她认为人们变得贫困是因为社会机制存在问题。关于自己的生活状况恶化,她认为责任在于政府。此外,在她看来,政府应该通过对富裕阶层增加税收等来提高贫困阶层的福利待遇。她的理由是,如果存在生活困难的人,国家就应该负责照顾他们。关于政治,她自己有着明确的看法。她反对经济的规制缓和,反对为了提升国际竞争力而降薪,反对通过修改宪法来扩充军备。

现在,她没有收入,对于饮食费用、医疗费用、社交费用、娱乐费用等许多支出都是能省则省。她对于将来的生活感到强烈的不安,当被问到"你认为自己幸福吗"的时候,她回答说"还算幸福"。她与住在附近的家人关系和睦,现在依然会选择依靠家人。她有2位关系亲密的朋友。她没有参加任何团体,也不和邻居交往。

事例7 埼玉县40多岁女性

她出生成长于埼玉县内的一个小镇,现在依然居住在这个小镇中。虽然她小时候在学校遭受过欺凌,但生活状况是正常的。她的成绩一般,父亲是事务岗位的正式员工,母亲会偶尔兼职打工,所以她小时候的生活水平还算可以。

她从东京都内的短期大学毕业后，又去了专业院校读书，后来作为正式员工在金融相关的公司里工作，但工作了一年后，以身体不好为由辞职了。在又更换了两份工作之后，当时已经30多岁的她作为正式员工入职了一家小公司，并在这家公司工作了8年。后来，她以工作时间太长为由，选择了辞职。在这之后的12年里，她一直是无业状态，现在也没有开始找工作。

她认为自己在日本社会中处于"下层下游"，并认为自己属于贫困阶层。因为她居住的地方有很多贫困的人，所以她认为在这片区域内，自己处于稍微上游一点的位置。她曾接受过抑郁症等心理疾病的诊断和治疗，她的身体和情绪状况都不太好，每天都过着和正常人不一样的日子。她在"感到焦躁""感到绝望""觉得自己是一无是处的人"等测试抑郁状态的设问中，大部分都回答了"总是"。

她的年收入不足150万日元，日常会节省饮食方面的花费，但是她对于医疗费用并没有节省。她对于自己的健康和将来的生活感到强烈不安，并认为自己一点儿也不幸福。虽然她与居住在附近的家人关系和睦，但她并没有关系亲

第七章 下层阶级的邻居——"失业者与无业者"

密的朋友。她没有参加任何团体,也不和周围的人交往。

事例 8 东京都 40 多岁女性

她出生于神奈川县,现在独自居住在东京都的民间租赁住宅里。她的父母在她小时候离婚了,她由兼职打工赚钱的母亲抚养长大。她经常遭受父母的暴力行为,并且经常被父母忽视,比如不给她做饭或准备衣物等。她在学校遭受过欺凌,也曾陷入不去上学的状态。她有 2 个哥哥,她小时候的生活十分贫困。

初中毕业后,经由学校介绍,她开始作为正式员工在医疗机构工作。但是在工作 4 年后,她因为结婚而选择了辞职。在这之后,她有过几份兼职工作。最后,她在一家大规模零售店工作,但工作了一年左右就辞职了,之后就一直没再工作,无业期超过 20 年。后来,她离婚了,她有一个 22 岁的孩子,在高中毕业后就搬出去住了。

她认为自己在日本社会中处于"下层下游",并认为自己属于贫困阶层。她没有认真考虑过贫困究竟是因为自身问题还是因为社会机制存在问题,但她认为政府应该通过对富裕阶层增加税收等来提高贫困阶层的福利待遇。她居住在有很多外国人的地方,她认为自己和外国人之间的关系还算过得去。她并没有支持的政党。

她的身体状况和情绪状态都不太好,每天都过着和正常人不一样的日子。她没有回答自己的收入,但是她说自己并没有存款之类的金融资产。她对于自己和家人的健康,以及将来的生活感到强烈不安。当被问到"你认为自己幸福吗"的时候,她回答说"还算幸福"。虽然她与居住在附近的家人关系和睦,但她并没有关系亲密的朋友。她没有参加任何团体,但是,她与邻居之间的关系是可以站着闲聊的程度。

由上述8个事例,我们可以窥见失业者和无业者这一群体是在许多共同因素的作用下产生的。首先,与他们原生家庭的贫困,还有父母的离异以及家庭暴力等密切相关。他们之中有许多人在学校遭受过欺凌,有许多人有心理疾病或强烈的抑郁倾向,他们并非一开始就有心理问题,而是在工作之中逐渐产生了各种问题。

现在,他们几乎所有人都处于贫困状态,并认为自己属于贫困阶层。在他们之中很少有人明确地提起生活保障，但是从他们的家庭收支等情况来看，我认为他们之中有一部分人处于能够领取生活保障的状态。此外，他们都对于将来的生活感到不安，他们之中大多数人没有可以信任的家人或朋友，即使有，数量也非常少。

当说起失业率和失业人数时，我经常会从宏观的角度进行理解。但是，如果去关注每一位失业者和无业者个体，就会发现他们之中其实存在各种各样的问题，并且他们所面临的问题比下层阶级还要严重。在我看来，失业者和无业者群体是与下层阶级相邻的、现代阶级社会的重要组成部分，是新阶级社会的最大牺牲者。

4. 与下层阶级的政治同质性

由上述内容可知，失业者与下层阶级之间有很强的连续性和同质性。那么，他们在政治上是否也具有同质性呢？在开始讨论下层阶级与政治的关系之前，我想先就这一点进行确认。

图 7-5 比较了不同阶级（包括下层阶级、失业者和无业者等 8 个阶级和群体）对于消除差距、进行收入再分配的态度。在此之前，我已经将男性和女性的情况分别通过图 4-13 和图 5-6 展示了出来。在图 7-5 中，我将男女的情况汇总在一起进行了展示。

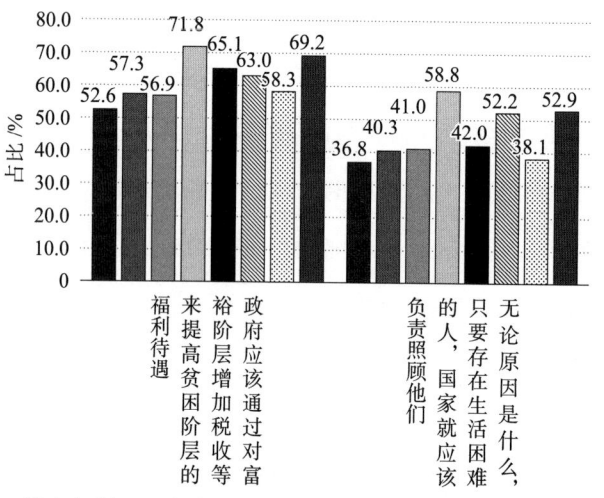

图 7-5 对于收入再分配的态度（男女，20—59 岁）

资料来源：作者依据 2016 年首都圈调查数据计算得出。

注：所显示的比例是"完全赞同"和"比较赞同"的合计。

第七章　下层阶级的邻居——"失业者与无业者"

下层阶级与失业者和无业者对于"政府应通过对富裕阶层增加税收等,来提高贫困阶层的福利待遇,实现收入再分配"这一点的态度是一致的。在下层阶级与失业者和无业者中,对于这一提议的支持率分别为71.8%和69.2%,这一比例比态度消极的资本家阶级、新中产阶级和正规劳动者阶级高。

下层阶级与失业者和无业者群体中的大多数人都认为"无论原因是什么,只要存在生活困难的人,国家就应该负责照顾他们"。在他们之中,对于这一观点的支持率分别为58.8%和52.9%,这一比例比态度消极的资本家阶级、新中产阶级和正规劳动者阶级高。

关心收入再分配,但不关心政党

人们对于消除差距和进行收入再分配的态度与他们所支持的政党,特别是自民党的支持率密切相关,如图7-6所示。在对于"政府应该通过对富裕阶层增加税收等来提高贫困阶层的福利待遇"这一提议表示"完全赞同"的人之中,只有13.7%的人支持自民党;有16.2%的人支持其他政党。由此可见，在对于这一提议表示"完全赞同"的人之中，对于自民党的支持率低于对于其他政党的支持率。此外，在回答"比较赞同"的人之中，对于自民党的支持率是18.8%；在回答"不太赞同"的人之中，对于自民党的支持率是24.5%。顺便说一下，公明党的支持者对于缩小差距和实现收入再分配的态度基本上与民进党（调查当时）的支持者态度相同。此外，在表示"完全不赞同"、完全否认收入再分配必要性的人之中，对于自民党的支持率达到了32.6%；支持其他政党的人只有2.1%；没有支持的政党

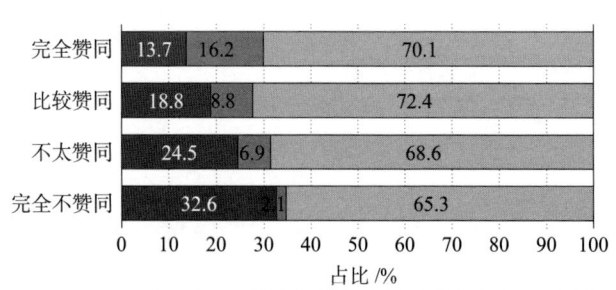

图7-6 对于收入再分配的态度和支持的政党（男女，20—59岁）

资料来源：作者依据2016年首都圈调查数据计算得出。

注：图中"对于收入再分配的态度"是指人们对于"政府应该通过对富裕阶层增加税收等来提高贫困阶层的福利待遇"的赞成度。

第七章　下层阶级的邻居——"失业者与无业者"

或不知道的人所占比例下降到了65.3%。由此可见，他们对于收入再分配的态度，是决定他们支持哪个政党的关键因素。

因此，下层阶级与失业者和无业者群体不支持自民党是理所当然的。他们对于自民党的支持率分别是最低（9.4%）和第二低（11.7%）的，比第三低的兼职主妇群体低了5%—7%。那么是不是在下层阶级与失业者和无业者群体中，没有支持自民党的人都选择支持其他政党了呢？事实并非如此。在下层阶级与失业者和无业者群体中，对于其他政党的支持率与正规劳动者阶级和旧中产阶级对于其他政党的支持率几乎相同。此外，没有支持的政党（包含回答"不知道"的人在内）的人分别占79.0%和76.7%。

在阶级结构的底层痛苦地生活着的下层阶级与失业者和无业者支持消除差距、实现收入再分配，因此拒绝支持自民党。即便如此，也并不代表他们支持其他政党。他们哪个政党都不支持，或者说他们根本不关心政党。也正因为如此，他们的想法无法被反映到政治中，至少从现在来看是这样的。但是，如果他们的想法不能被反映到政治中，那么就无法消除差距和实现收入再分配。难道就没有能够改变这一情况的途径吗？在下一章中，我将主要针对这一问题进行说明。

第八章

下层阶级与日本的未来

从上述章节的分析中可以看出,在日本社会中,下层阶级的全貌已经基本清晰。

在60岁以下的青年和中年下层阶级(包括男性和女性)中,有许多人处于极度贫困的状态,且无法组成并维持稳定的家庭。他们无论是在肉体上还是精神上都面临着许多困难,且看不到可以改善的希望。60岁以下的失业者和无业者群体所面临的问题则更加严重,我们可以将这一群体视为下层阶级的一部分,并且是下层性最强的那一部分。

对于60岁及以上的高龄下层阶级,他们作为正式员工工作的时间很长,在某些情况下可以依靠家人。在这些方面,他们与青年和中年下层阶级的性质有些不同。但是,因为他们并没有多少养老金收入和存款等金融资产,所以为了生存,他们不得不作为非正式员工继续工作。他们与60岁及以上的无业者群体相比,在阶层上处于更靠下的位置,他们与青年和中年下层阶级共同拥有"下层"的特质。

而且,在不久的将来,比如10年后或20年后,现在的

第八章 下层阶级与日本的未来

青年和中年下层阶级会成为（将来的）高龄下层阶级的主体人群。他们没有资产，无法寄希望于养老金，也无法依靠家人，他们即将在这样的状态下迎来他们的老年生活。

如果就这样放任下层阶级不管，那么毫无疑问，日本社会的处境将变得十分危险。少子高龄化会愈发严重，虽然有一部分下层阶级可以生育和抚养孩子，但很难保障孩子们受教育的机会。他们在不久后将迎来老年生活，但如果只是凭他们自己努力的话，很明显，他们的老年生活将十分悲惨。如果再加上失业者和无业者群体，那么他们的人数将达到潜在就业者总数的近二成。这些人每天都在过着充满不安与痛苦的生活，这样的社会毫无疑问是病态的社会。

要想避免这种危险的情况发生，就必须有所行动。在第四章中，我们看到了青年和中年下层阶级男性成为行动主体的可能性；在第五章中，我们看到了女性下层阶级成为行动主体的可能性；在第七章中，我们看到了失业者和无业者群体在一定程度上也可能会成为行动的主体。关于这种可能性，接下来我会详细说明。

1. 无从宣泄的不满

人们是如何决定自己对于政党的态度的呢？虽然看起来是非常简单的假设，但是像下面这样考虑，从目前来看应该是没有问题的吧。

人们希望能实现"可以让自己感到满意和幸福"的生活，并且也会支持能帮助自己实现这种生活的政党。如果是对于自己现在的生活感到满意和幸福的人，那么他们会选择支持能帮助他们维持现在这种生活的政党。政党支持与幸福度和满意度的关系如图 8-1 所示。

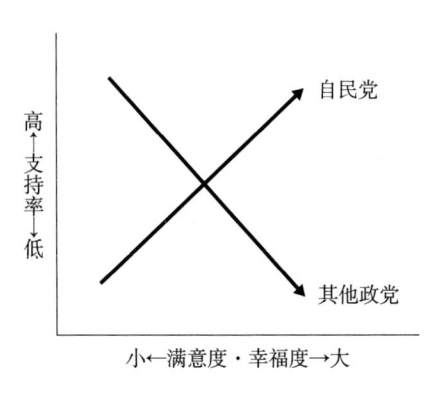

图 8-1　政党对于满意和幸福的组织化

第八章　下层阶级与日本的未来

对于现在的生活感到满意，并认为自己是幸福的人，应该会支持能帮助自己实现这种生活且今后也会继续帮自己维持这种生活的政党，即长期手握政权、创造出当今日本社会的，至少是在维持（或者放任）现在这种社会状态的政党——自民党。与此相对，对于现在的生活感到不满，并且认为自己不幸福的人，会支持可能为自己实现与现在不同的生活、能改变目前社会状态的除自民党以外的其他政党。因此，如果将人们的满意度和幸福度作为横轴，将政党支持率作为纵轴的话，自民党的支持率是越向右越高，其他政党的支持率是越向右越低，如图 8-1 所示。

这样一来，政党通过向人们宣传自己已经实现或者想要实现的社会理想状态，将人们的满意或不满、幸福或不幸福组织化。在这里所说的"组织化"并不是加入正式的组织，而是类似于争取获得支持、拉选票的意思。可以说，能在何种程度上对人们的满意度和幸福度作出回应，是衡量政党能力的一种标准。

将满意和幸福组织化的自民党

为了能弄清现在的政党将满意与不满、幸福与不幸福进行组织化的能力,图 8-2 展示了生活满意度和政党支持、幸福感和政党支持之间的关系。在政党支持中,分为"自民党""自民党以外"和"没有支持的政党或不知道"这三种。"自民党以外"包含了同样作为执政党的公明党。

(1) 生活满意度和政党支持

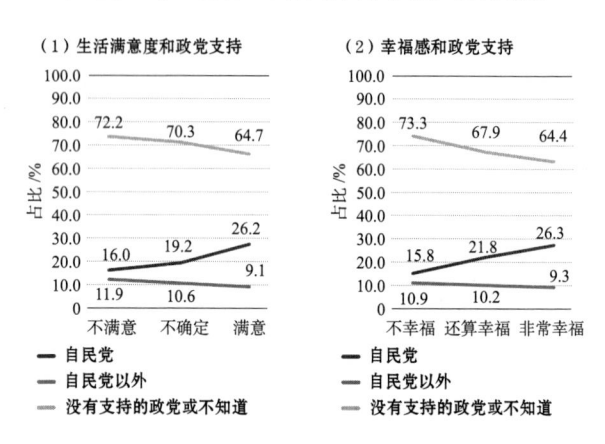

	不满意	不确定	满意
自民党	16.0	19.2	26.2
自民党以外	11.9	10.6	9.1
没有支持的政党或不知道	72.2	70.3	64.7

(2) 幸福感和政党支持

	不幸福	还算幸福	非常幸福
自民党	15.8	21.8	26.3
自民党以外	10.9	10.2	9.3
没有支持的政党或不知道	73.3	67.9	64.4

图 8-2 政党对于"满意"和"不满意"的组织化

资料来源:作者依据 2016 年首都圈调查数据计算得出。
注:20—69 岁男女。

首先,让我们来看一下生活满意度与政党支持之间的关系。随着生活满意度从不满意向满意转变,自民党的支持率逐渐上升，从 16.0% 上升到 19.2%，再上升到 26.2%。强烈支持自民党的是生活富足的人，可以说在一定程度上，自民党在将人们的满意进行组织化这件事上是成功的。与此相对，除自民党以外的政党情况如何呢？随着生活满意度从满意向不满意转变，他们的支持率逐渐上升，从 9.1% 上升到 10.6%，再上升到 11.9%。但是，上升的幅度只有 2.8%，还不如"没有支持的政党"的比例上升显著，没有支持的政党或不知道的人所占比例从 64.7% 上升到 70.3%，再上升到 72.2%。只能说，自民党以外的政党在将人们的不满意进行组织化这件事上还没有成功。

那么，幸福感和政党支持之间的关系如何呢？倾向是一样的。随着人们从不幸福向非常幸福转变，自民党的支持率在不断上升，从 15.8% 上升到 21.8%，再上升到 26.3%。强烈支持自民党的是幸福的人们，可以看出在一定程度上，自民党在将人们的幸福组织化这件事上是成功的。与此相对，即使人们从非常幸福变得不幸福，自民党以外的政党支持率的上升幅度依旧很小，从 9.3% 上升到 10.2%，再上升到 10.9%。没有支持的政党或不知道的比例从 64.4% 上升到 67.9%，再上升到 73.3%。由此可见，自民党以外的政党在将人们的不幸福组织化这件事上并没有成功。

如上所述，在一定程度上，自民党在将人们的满意和幸福组织化这件事上是成功的。自民党是富足的、幸福的人的政党。与此相对，自民党以外的政党还没有在将人们的不满意和不幸福组织化这件事上获得成功。人们的不满意和不幸福无处宣泄，这也就导致他们没有自己所支持的政党或者成了对政治毫不关心的人。

下层阶级的满意被自民党和公明党两党组织化

但是，上述的政党支持的结构会因阶级不同而不同。如图 8-3 和图 8-4 所示。在这里，我省略了人数很少的资本家阶级和兼职主妇。此外，60 岁以下的无业者被包含在下层阶级中（60 岁及以上的无业者除外）。

在新中产阶级中，随着人们从不满意向满意转变，对自民党的支持率有了显著上升。可以说，自民党在将新中产阶级的满意进行组织化这件事上是成功的。与此相对，即使人们从满意向不满意转变，对现在的生活感到不满意的

第八章　下层阶级与日本的未来

（1）新中产阶级

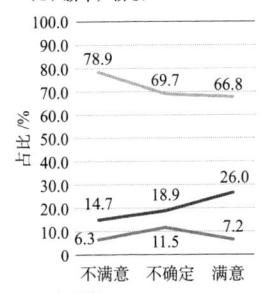

- 自民党
- 自民党以外
- 没有支持的政党或不知道

不满意 / 不确定 / 满意
- 没有支持的政党或不知道：78.9 / 69.7 / 66.8
- 自民党：14.7 / 18.9 / 26.0
- 自民党以外：6.3 / 11.5 / 7.2

（2）正规劳动者阶级

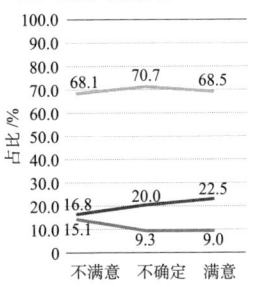

- 自民党
- 自民党以外
- 没有支持的政党或不知道

不满意 / 不确定 / 满意
- 没有支持的政党或不知道：68.1 / 70.7 / 68.5
- 自民党：16.8 / 20.0 / 22.5
- 自民党以外：15.1 / 9.3 / 9.0

（3）旧中产阶级

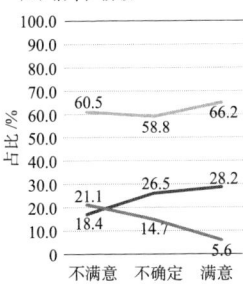

- 自民党
- 自民党以外
- 没有支持的政党或不知道

不满意 / 不确定 / 满意
- 没有支持的政党或不知道：60.5 / 58.8 / 66.2
- 自民党：21.1 / 26.5 / 28.2
- 自民党以外：18.4 / 14.7 / 5.6

（4）专业主妇

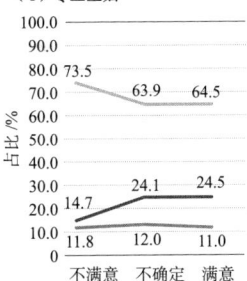

- 自民党
- 自民党以外
- 没有支持的政党或不知道

不满意 / 不确定 / 满意
- 没有支持的政党或不知道：73.5 / 63.9 / 64.5
- 自民党：14.7 / 24.1 / 24.5
- 自民党以外：11.8 / 12.0 / 11.0

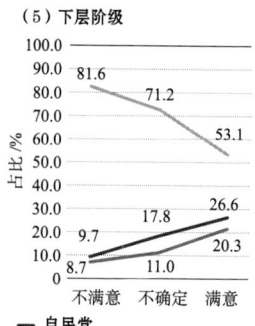

（5）下层阶级

- 不满意：自民党 8.7，自民党以外 9.7，没有支持的政党或不知道 81.6
- 不确定：自民党 11.0，自民党以外 17.8，没有支持的政党或不知道 71.2
- 满意：自民党 20.3，自民党以外 26.6，没有支持的政党或不知道 53.1

图 8-3 政党对于"满意"和"不满意"的组织化

资料来源：作者依据 2016 年首都圈调查数据计算得出。

注：20—69 岁男女。下层阶级中包括无业者在内。

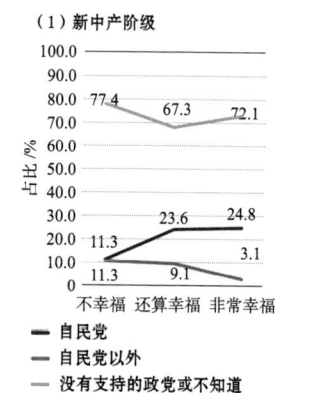

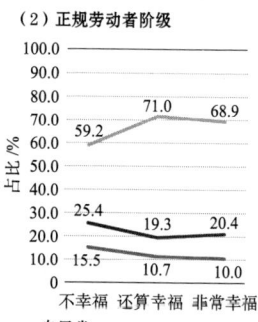

（1）新中产阶级

- 不幸福：自民党 11.3，自民党以外 11.3，没有支持的政党或不知道 77.4
- 还算幸福：自民党 23.6，自民党以外 9.1，没有支持的政党或不知道 67.3
- 非常幸福：自民党 24.8，自民党以外 3.1，没有支持的政党或不知道 72.1

（2）正规劳动者阶级

- 不幸福：自民党 15.5，自民党以外 25.4，没有支持的政党或不知道 59.2
- 还算幸福：自民党 10.7，自民党以外 19.3，没有支持的政党或不知道 71.0
- 非常幸福：自民党 10.0，自民党以外 20.4，没有支持的政党或不知道 68.9

（3）旧中产阶级

（图表内容）
- 不幸福：自民党 16.7，自民党以外 16.7，没有支持的政党或不知道 66.7
- 还算幸福：自民党 25.0，自民党以外 10.0，没有支持的政党或不知道 65.0
- 非常幸福：自民党 29.5，自民党以外 11.4，没有支持的政党或不知道 59.1

（4）专业主妇

（图表内容）
- 不幸福：自民党以外 10.0，没有支持的政党或不知道 90.0
- 还算幸福：自民党 21.8，自民党以外 12.2，没有支持的政党或不知道 66.0
- 非常幸福：自民党 29.7，自民党以外 9.4，没有支持的政党或不知道 60.9

—— 自民党
—— 自民党以外
—— 没有支持的政党或不知道

（5）下层阶级

（图表内容）
- 不幸福：自民党 11.6，自民党以外 8.4，没有支持的政党或不知道 80.0
- 还算幸福：自民党 19.1，自民党以外 14.0，没有支持的政党或不知道 66.9
- 非常幸福：自民党 22.6，自民党以外 16.1，没有支持的政党或不知道 61.3

—— 自民党
—— 自民党以外
—— 没有支持的政党或不知道

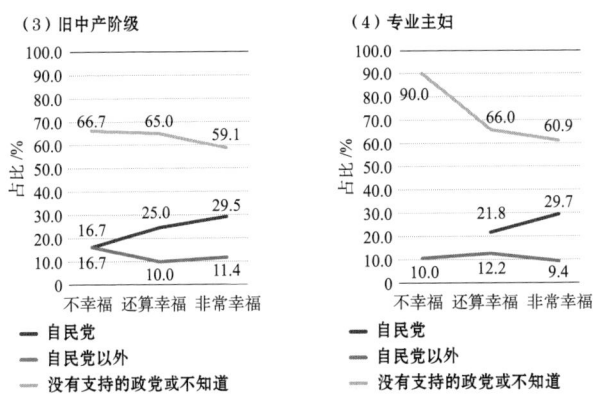

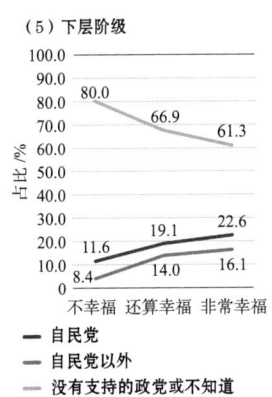

图 8-4　政党对于"幸福"和"不幸福"的组织化

资料来源：作者依据 2016 年首都圈调查数据计算得出。

注：20—69 岁男女。下层阶级中包括无业者在内。由于专业主妇中，回答"不幸福"的人里，没有自民党的支持者，所以在图中没有显示出来。

人对自民党以外的政党的支持率反而变低了。很明显，自民党以外的政党在将新中产阶级的不满意进行组织化这件事上是失败的。

正规劳动者阶级的倾向与新中产阶级不同。对生活满意的人对自民党的支持率很高，在这一点上，正规劳动者阶级与新中产阶级相同。但是，对生活感到不满意的人对自民党以外的政党支持率为15.1%，这一比例明显高于对生活满意的人对自民党以外的政党的支持率。所以，可以说在一定程度上，自民党以外的政党在将正规劳动者阶级的不满意进行组织化这件事上是成功的。

旧中产阶级的倾向更加明显。随着人们从满意转变为不满意，自民党以外的政党支持率显著上升，从5.6%上升到14.7%，再上升到21.1%。与此相对，当人们从不满意转变为满意时，自民党的支持率虽然从18.4%上升到26.5%，再上升到28.2%，但是，这种变化并不如自民党以外的政党的支持率变化明显。虽然自民党将旧中产阶级的满意组织化了，但是，自民党以外的政党在将旧中产阶级的不满意组织化这件事上也成功了，而且比自民党更加成功。此外，

第八章 下层阶级与日本的未来

在专业主妇群体中显示出了与新中产阶级相同的倾向。在一定程度上,自民党在将专业主妇的满意组织化这件事上是成功的,自民党以外的政党在将专业主妇的不满意进行组织化这件事上并没有成功。

那么,下层阶级的情况如何呢?令人吃惊的是,下层阶级与上述阶级和群体展现了完全不同的倾向。当下层阶级从不满意转变为满意时,不仅自民党的支持率会上升,不知为何,就连自民党以外的政党支持率也上升了。随着他们从不满意转变为满意,自民党的支持率有了显著上升,从9.7%上升到17.8%,再上升到26.6%,在这个意义上,自民党在一定程度上做到了将下层阶级的满意组织化。与此相对,除自民党以外的政党的支持率也随着人们从不满意转变为满意而有了显著提高,从8.7%上升到11.0%,再上升到20.3%。

实际上,如果具体分析对自己的生活感到满意的下层阶级所支持的政党,就会发现支持率仅次于自民党的是公明党。因此,可以认为下层阶级的满意是被自民党和公明党组织化了。但是因为在下层阶级中,对自己的生活感到满意的人所占的比例本身就很低,所以这件事对于下层阶级整体的影响很小。真正令人费解的是在下层阶级中，对于生活感到不满意的人对于自民党以外的政党的支持率（8.7%）极低。那么，为什么会这样呢？

关于它的原因，在分析没有支持政党的人所占的比例之后就会明白。在下层阶级以外的人中，生活满意度的高低不会对没有支持的政党或不知道的人的比例产生很大影响，即便有影响，也只是10%左右的影响。但是，在下层阶级中，在对生活感到不满意的人中，没有支持的政党或不知道的人占81.6%，这一比例比对生活感到满意的人高出将近30%。

这意味着什么呢？这也许意味着对于生活感到满意的下层阶级与其他阶级一样，对政治保持着同等程度的关心，会支持自民党或者支持将贫困阶层作为执政基础的执政党——公明党。与此相对，对于生活感到不满意的下层阶级对政治无法再抱有任何期待，失去了对政治的关心。因此，没有支持的政党或不知道的人所占的比例会极速上升。

下层阶级如果变得不幸福，就会不支持任何政党

让我们将目光转向幸福感与政党支持的关系上（图8-4）。

第八章　下层阶级与日本的未来

在新中产阶级和旧中产阶级中，随着人们从不幸福转变为非常幸福，自民党的支持率有了显著上升，自民党以外的政党支持率则有所下降。这是因为幸福被自民党组织化，不幸福被自民党以外的政党组织化了。与此相对，在专业主妇中存在幸福被自民党组织化的倾向，但是自民党以外的政党支持率并没有因为专业主妇是否幸福而有所变化，因此，不能说专业主妇的不幸福被自民党以外的政党组织化了。此外，正规劳动者阶级的倾向与之不同。在正规劳动者阶级中，无论是对自民党还是自民党以外的政党的支持率，都是在认为自己还算幸福的人中比较低，在认为自己是不幸福的人中比较高。先不论他们是支持自民党还是不支持自民党，正规劳动者阶级的不幸福可能会使他们的政治意识觉醒。

那么，下层阶级的情况如何呢？关于生活满意度，下层阶级的倾向与其他阶级相同。但是，下层阶级在变得不幸福之后，开始不再支持任何政党，没有支持的政党或不知道的人所占的比例显著上升。不幸福的下层阶级抛弃了政治。关于这一点，如果单从结果来说的话，则是下层阶级被政党抛弃了。

最后，让我来总结一下吧。

从整体上来看，自民党在将人们的满意和幸福组织化这件事上是成功的。富足的、幸福的人是自民党的执政基础。与此相对，自民党以外的政党在有限的范围内，将人们的不满和不幸福，特别是在将正规劳动者阶级和旧中产阶级的不满、新中产阶级和旧中产阶级的不幸福进行组织化这件事上是成功的。但是，并不能说他们（自民党以外的政党）与自民党的成功是同种程度的。

在现代日本中承受着最多的不满与不幸的阶级——下层阶级——与政党之间是什么关系呢？很遗憾，他们之间并没有能称得上是关系的关系。虽然自民党和自民党以外的政党从"对生活感到满意、认为自己是幸福的"下层阶级那里分别得到了一定的支持，但这只不过证明了"下层阶级好不容易才像其他阶级一样关心政治"。"对生活感到满意、认为自己是幸福的"下层阶级只不过是下层阶级中的例外罢了。与此相对，下层阶级中的主流群体——"对生活感到不满，认为自己是不幸福的"下层阶级不支持任何政党，或者可以说他们原本就不关心政治。

第八章　下层阶级与日本的未来

处于日本社会危机中心的阶级失去了对于政治的关心。如果真的是这样，那么就只能认为我们已经失去了可以解决这一危机的机会。

要想解决这一困难，需要满足两个条件。第一，将"通过收入再分配缩小差距、解决贫困"推向政治争论点的中心；第二，形成可以公开宣布将下层阶级作为执政基础的政治势力。

2. 消除差距是唯一的政治主张

通过收入再分配来消除贫困成了选择政党的重要基准，关于这件事，我已经在第七章中提到过了。但是，在现代日本社会中，还有各种各样的政治争论点。那么，与其他的政治争论点相比，能否说通过收入再分配来消除贫困成了更重要的选择政党的基准呢？为了确认这一点，让我们来看一下图8-5（与图7-6不同，年龄段为20—69岁）。图8-5显示了其他5个政治争论点与政党支持之间的关系。

（1）无论原因是什么，只要存在生活困难的人，国家就应该负责照顾他们

	完全赞同	比较赞同	不太赞同	完全不赞同
自民党	20.2	20.7	24.1	36.7
自民党以外	11.2	13.2	7.3	4.1
没有支持的政党或不知道	68.6	66.2	68.6	59.2

（2）政府对经济的管控最好尽可能少一些

	赞同	不确定	不赞同
自民党	30.0	20.9	24.1
自民党以外	10.8	9.7	13.0
没有支持的政党或不知道	59.2	69.4	63.0

（3）今后，在政治上，比起经济发展，应该更重视环境保护

	赞同	不确定	不赞同
自民党	16.7	22.9	34.4
自民党以外	15.2	8.9	7.1
没有支持的政党或不知道	68.1	68.1	58.5

（4）日本应该将核电站的数量减少为零

	赞同	不确定	不赞同
自民党	14.4	22.5	40.7
自民党以外	15.1	9.1	4.6
没有支持的政党或不知道	70.5	68.4	54.8

（5）应该修改日本宪法，拥有军队

	赞同	不确定	不赞同
自民党	43.9	26.7	13.5
自民党以外	5.2	7.6	13.4
没有支持的政党或不知道	50.9	65.7	73.1

— 自民党
— 自民党以外
— 没有支持的政党或不知道

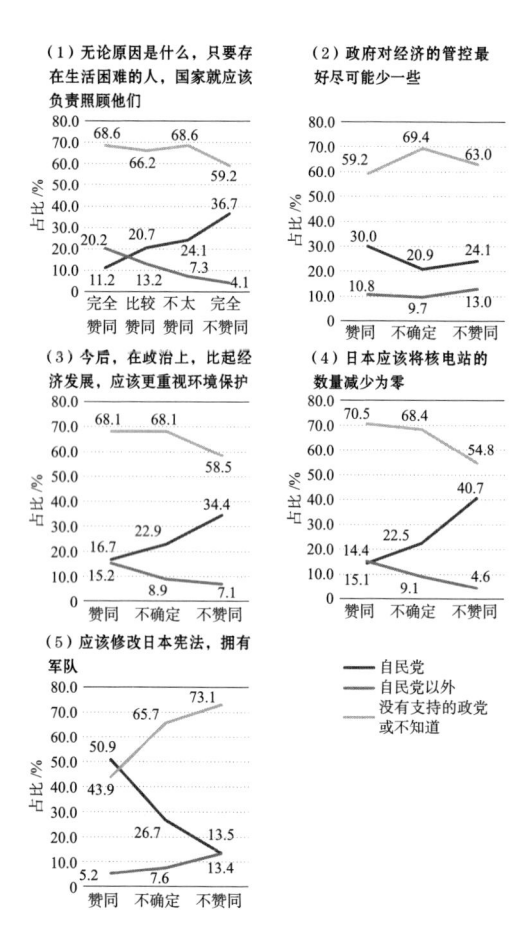

图 8-5　各种政治主张与政党支持之间的关系

资料来源：作者依据 2016 年首都圈调查数据计算得出。

注：20—69 岁男女。

第八章　下层阶级与日本的未来

"无论原因是什么,只要存在生活困难的人,国家就应该负责照顾他们"与"政府应通过对富裕阶层增加税收等,来提高贫困阶层的福利待遇"一样,都是要求通过收入再分配来实现对贫困阶层的救济。这一点与政党支持之间的关系很强。在回答"完全赞同"的人中,自民党的支持率只有11.2%;与此相对,自民党以外政党的支持率达到了20.2%。相反,在回答"完全不赞同"的人中,自民党的支持率达到了36.7%,自民党以外政党的支持率只有4.1%。自民党以外的政党将"通过收入再分配来实现对贫困阶层的救济"这一要求作为对自己的支持并对其进行了组织化。与此相对,可以看出自民党对"拒绝实行收入再分配"以及"放任贫困阶层不管"的要求进行了组织化。

"政府对于经济的管控最好尽可能少一些"是什么情况呢?这是新自由主义的主张,是自民党自20世纪末以来的基本政策。但是,它与政党支持之间的关系很弱。在回答"赞同"的人中,自民党的支持率确实很高,达到了30.0%,但是这一比例与回答"不赞同"的人对自民党的支持率之间只存在很小的差距。而且,自民党以外政党的支持率基本上没有因为是否赞同这一主张而发生变化。

"今后，在政治上，比起经济发展，应该更重视环境保护"这一主张，确实与政党支持之间存在一定的关系。自民党的支持率在回答"赞同"的人中，只有16.7%；与此相对，在回答"不赞同"的人中，达到了34.4%。与此相对，自民党以外的政党的支持率在回答"赞同"的人里比较高，在回答"不赞同"的人里比较低。但是，这两个比例之间只差了8%左右。因此，"重视环境保护"的这一立场似乎并不是人们是否支持自民党以外政党的决定性因素。

"日本应该将核电站的数量减少为零"与政党支持之间的关系非常强。在回答"不赞同"的人里，自民党的支持率达到了40.7%。可以看出，自民党获得了"即使在经历了福岛第一核电站的严重事故之后，现在仍然认为应该推进原子能发电"的人的热心支持。与此相对，自民党以外政党的支持率，在回答"不赞同"的人之中是4.6%；在回答"赞同"的人之中是15.1%。但是，15.1%这一比例并没有很高。更为重要的是没有自己所支持的政党或不知道的这些人。在这些人中，有54.8%不赞同这一观点，有70.5%

的人赞同这一观点。也就是说，对要求关停核电站的人来说，比起支持自民党以外的政党，他们更容易成为无党派（不支持特定的政党的人）。

在"应该修改日本宪法，拥有军队"中，这一倾向更为明显。在回答"赞同"的人之中，有50.9%的人支持自民党。可以说，修改日本宪法第九条和拥有军队是自民党的制胜关键。那么，自民党以外的政党如何呢？在回答"不赞同"的人中，支持率只有13.4%。结合没有支持的政党或不知道的人的相关数据可见，要求遵循日本宪法第九条，反对拥有军队的人们大多会成为无党派。

"应该推进原子能发电""应该修改日本宪法，拥有军队"……这些主张可以说成了自民党获得支持的决定性因素。然而遗憾的是，在自民党以外的政党中，并不存在能保证他们获得支持的、有决定性意义的政治主张。但是，如果说存在与之相近的政治主张，那么这个主张既不是环境保护，也不是反对原子能发电，更不是拥护日本宪法第九条，而是进行收入再分配。

3. 为了使政治主张成为执政基础

从上述的结果来看，敏锐的在野党政治家也许会这样想：当下，与所有政党都保持着距离的下层阶级正在要求通过收入再分配来缩小差距、消除贫困。如果是这样的话，也许可以通过发布相关政策来获得下层阶级的支持。这样一来，重视环境、反对原子能发电、反对修改日本宪法第九条等或许也可以因此获得更多的支持。

但是，事实并非如此简单。虽然下层阶级强烈支持收入再分配，但是对于经济的规制缓和、环境保护、废除原子能发电、修改日本宪法以及拥有军队等主张，都没有表示出明确的态度。倒不如说，在下层阶级中，回答"不知道"的人整体上有很多。比如，对于"修改日本宪法、拥有军队"这一主张回答"赞同"的人的比例在资本家阶级（18.2%）和新中产阶级（16.0%）中比较高，在专业主妇（6.9%）中比较低，在下层阶级中是 12.8%，基本上接近整体平均值（12.5%），但回答"不知道"的人在下层阶级中占 11.1%，这一比例明显高于其他阶级。

第八章　下层阶级与日本的未来

此外，传统意义上的左派或自由派通常将收入再分配、环境保护、和平主义等主张理所当然地放在了一起，这些主张被看作逻辑整合式的存在。但如今，能够将这些主张整合在一起的根据已经基本上消失了。

图 8-6 显示了在不同阶级中，对于收入再分配（政府应通过对富裕阶层增加税收等，来提高贫困阶层的福利待遇）的赞成与否，以及对于修改日本宪法第九条和拥有军队的赞成与否之间的关系（由于在下层阶级和专业主妇中，只有几个人对于收入再分配表示"完全不赞同"，所以我将这几个人算在了"不怎么赞同"里）。

立场最明确的是新中产阶级。在支持进行收入再分配的人里，有 73.1% 的人反对修改日本宪法第九条和拥有军队，赞成的人只有 7.7%。与此相对，在不支持进行收入再分配的人里，有 22.5% 的人赞成修改日本宪法第九条和拥有军队，有 43.6% 的人反对。由此可以看出，在新中产阶级中，收入再分配与和平主义被看作逻辑整合式的存在。与之相近的是旧中产阶级和专业主妇。他们的立场都没有新中产阶级那么明确，在旧中产阶级中，反对修改日本宪法第九

（1）新中产阶级

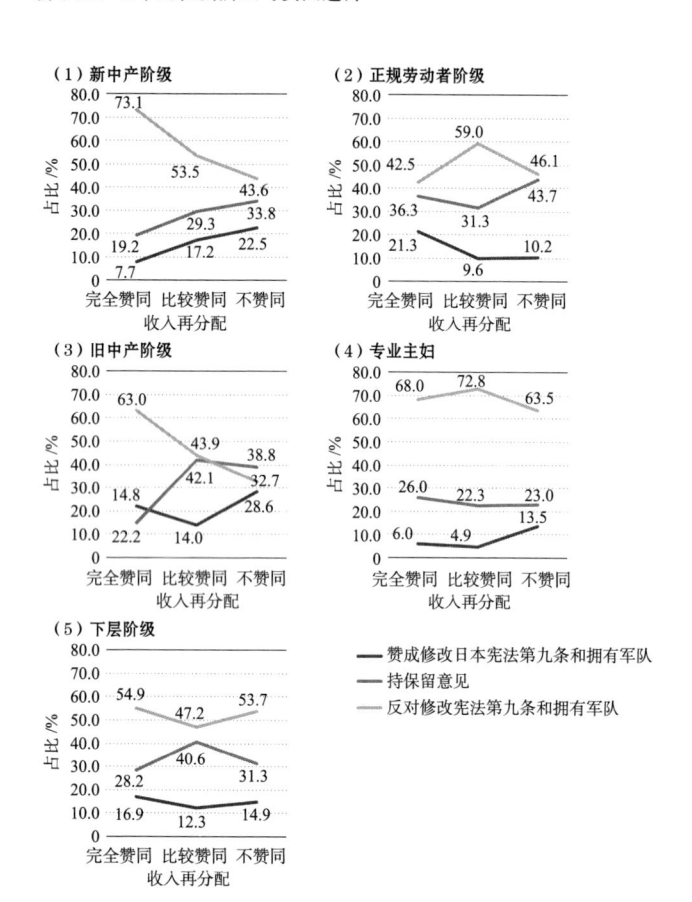

收入再分配	完全赞同	比较赞同	不赞同
赞成修改	7.7	17.2	22.5
保留	19.2	29.3	33.8
反对修改	73.1	53.5	43.6

（2）正规劳动者阶级

收入再分配	完全赞同	比较赞同	不赞同
赞成修改	21.3	9.6	10.2
保留	36.3	31.3	43.7
反对修改	42.5	59.0	46.1

（3）旧中产阶级

收入再分配	完全赞同	比较赞同	不赞同
赞成修改	22.2	14.0	28.6
保留	14.8	42.1	32.7
反对修改	63.0	43.9	38.8

（4）专业主妇

收入再分配	完全赞同	比较赞同	不赞同
赞成修改	6.0	4.9	13.5
保留	26.0	22.3	23.0
反对修改	68.0	72.8	63.5

（5）下层阶级

收入再分配	完全赞同	比较赞同	不赞同
赞成修改	16.9	12.3	14.9
保留	28.2	40.6	31.3
反对修改	54.9	47.2	53.7

图 8-6　收入再分配和修改日本宪法第九条

资料来源：作者依据 2016 年首都圈调查数据计算得出。

注：20—69 岁男女。下层阶级中包括无业者在内。收入再分配的"不赞同"是"不太赞同"和"完全不赞同"的合计。

条的人所占的比例和支持收入再分配的人所占的比例一样高；在专业主妇中，赞成修改日本宪法第九条的人所占的比例和反对收入再分配的人所占的比例一样高。

但是，在正规劳动者阶级中，这一关系不复存在。赞成修改日本宪法第九条和拥有军队的人所占的比例反倒在支持收入再分配的人之中比较高（21.3%），在不支持收入再分配的人中比较低（10.2%）。反对修改日本宪法第九条的人在对于收入再分配表示"比较赞同"的、态度犹豫的人中占比最高，为59.0%。因此，无法说收入再分配与和平主义在如今还被看作逻辑整合式的主张。

此外，在下层阶级中，这两者毫无关系。图8-6显示了下层阶级与新中产阶级截然不同的曲线。

即使要求再分配，也与自由主义无缘

环境保护与和平主义的主张很难传递到下层阶级中。虽然下层阶级要求进行收入再分配，但这是他们根据自身所处的困境提出的要求，与意识形态或自由主义并无关联。

从图8-5所显示的政党支持的结构来看，包括下层阶级在内，要想组成能与自民党分庭抗礼的政治势力，该政治势力最基本、最有力的政治主张就是通过收入再分配缩小差距、消除贫困。但是，需要注意的是，严格来说，只有新中产阶级会把收入再分配与环境保护、和平主义看作逻辑整合式的政治方针。其他阶级的人，尤其是下层阶级的人，虽然赞成进行收入再分配，但并非赞成环境保护或和平主义。

下层阶级强烈要求缩小差距、消除贫困。但是，现在的一些政党无法完全获得下层阶级的支持。这是因为，如果选择支持这些政党，就必须同时接受环境保护、和平主义等。

那么，应该怎样做才好呢？在某种意义上，答案很简单。只需要出现这样一个新的政党：能明确表示只将缩小差距和消除贫困作为自己政党的主张，并将以下层阶级为中心的、在社会中处于"下层"的人作为自己政党的执政基础。一旦这个新的政党发布了这样的政策，势必就会与自民党水火不容。因此，在广义上，虽然这个新的政党成了在野党，但是它可以与其他在野党只在收入再分配以及

第八章　下层阶级与日本的未来

与之相关联的提升最低工资等最基本的劳动政策方面统一战线，进行联合斗争。在那些关心政治的、有良知的人看来，这是一种不严肃、目光短浅的思考方式。但是，为了能将下层阶级的要求反映到政治上，为了能解决日本社会的危机，我想，除此之外，别无他法。

结 语

从"下"开始崩溃的日本

我在《新阶级社会　新阶级斗争》一书的序言部分介绍了永山则夫的观点,当时的流氓无产阶级还没有达到可以与其他两大阶级相提并论的规模。但如今,下层阶级已经成长为一个庞大的群体。这样一来,响应永山则夫呼吁的年轻人可能会逐渐登场。

关于缩小差距、消除贫困的具体对策,我在此前出版的《新型日本阶级社会》和《现代贫乏物语》等著作中已经进行了详细说明,因此在这里不再赘述。如果开始讨论具体对策,就会产生各种对立的观点。比起这个,更重要的是共同拥有"消除差距和贫困,确保如今的下层阶级能在这个社会中有一个稳定的住所、能感受到与其他群体一样的满意和幸福"这一宏伟的社会目标。然而,实现这一目标的前提既不是嘲笑下层阶级中由于自身的无能和懒惰而陷入贫困的人,也不是无视与自己无关的存在,而是承认他们是恰巧在结果上与自己处境不同的伙伴,并与他们共情。

不仅如此,维护下层阶级的利益在逻辑上也是正确的。奠定了现代自由主义基础的伦理学家、哲学家约翰·罗尔斯曾指出,人们必须在对任何条件都一无所知的前提下,来构思社会的理想状态。这里所说的"任何条件"包括如今自己在社会上所处的地位、所属阶级、身份、性别等属性,还包括自己所拥有的资产和能力等。这是因为一旦知道了这些条件,人们一定会根据自己的属性、资产、能力等,构思出一个对自己有利的社会。罗尔斯将这些条件称为"无知的面纱"。罗尔斯指出,如果戴着"无知的面纱"进行思考,人们也许就会在"并不应该因为命运的安排或偶然的社会状态,而使一些人处于有利地位,使另一些人处于不利地位"这一点上达成共识。这是因为人们或许正处于"身无分文,既没有能力,也没有愿意帮助自己的人"这种最不幸的境况之中。如果是这样的话,他们就会从这一立场出发,期待能形成一个至少不要使自己所处的境况继续恶化的社会。这就是约翰·罗尔斯所认为的"作为公平的正义"(《正义论》《作为公平的正义》)。

在我们面前,就存在着这种不幸的人,也就是下层阶级。所以,让我们从下层阶级的立场出发,来重新认识社会吧。让我们从下层阶级的立场出发,来构想今后的社会吧。当然,这项任务应该由下层阶级以及属于其他阶级的,但与处于社会"下层"的人有同感的人来共同完成。